Las Conexiones Simples

Navegando el Autismo con el Corazón

Angie Mondragon
con
Kendra Khalil

Copyright © 2022 by Angelica Mondragon and Kendra Khalil

All rights reserved. For more information about permission to reproduce selections from this book, write to Permissions, Dragon Press, Lake Worth Beach Florida.

simpleconnections.autism@gmail.com

Simple Connections: Our Journey Navigating Autism from the Heart is an imprint of Dragon Press.

Ebook ISBN: 979-8-9855003-3-2
Paperback ISBN: 979-8-9855003-4-9
Hardback ISBN: 979-8-9855003-5-6

Printed in the USA. Ingramspark

Neither the publisher nor the author is engaged in rendering professional advice or services to the individual reader. The ideas, procedures, and suggestions contained in this book are not intended as a substitute for consulting with your physician. Neither the author nor the publisher shall be liable or responsible for any loss or damage allegedly arising from any information or suggestions in this book.

Primero, me gustaría agradecer a mi madre María, quien creó la hermosa portada de este libro cautivaste perfectamente a Victoria en esta foto. Victoria siempre disfruta observando y admirando las pequeñas cosas.

A mi esposo Miguel, por editar y traducir Conexiones simples, gracias por animarme a armar todas las estrategias que hago con nuestra hija para ayudarla a ser feliz e independiente.

Para Kendra, mi hermana espiritual, tomaste mi historia y le diste vida. Gracias por ayudarme a hacer realidad Las Conexiones Simples.

Finalmente, a mis hijas. Gracias por recordarnos que podemos hacer conexiones simples todos los días. Estoy muy agradecida de tenerlas a ustedes tres en mi vida, guiándome y enseñándome a ser una mejor madre y persona. Las amo chicas.

Un niño con autismo no te está ignorando.
Está esperando que entres en su mundo.

-ANÓNIMO

CONTENIDO

Navegando el Autismo con el Corazón 1

Las Conexiones Simples: El Principio 7

Una Nueva Perspectiva Y Actitud 17

Los Mejores Maestros Son Nuestros Hijos 23

El Ambiente En Casa 33

    Creando Espacios Simples 37

    El Cuarto De Juego Y Actividades Sensoriales 39

    Nuestros Viajeros: El Espacio Sensorial 59

    Nuestros Viajeros: Actividades En El Hogar 64

    Nuestros Viajeros: En La Cocina 67

    Nuestros Viajeros: La Habitacion 72

    Nuestros Viajeros: Paseos En Familia 75

    Nuestros Viajeros: La Rutina En El Baño 81

    Nuestros Viajeros: La Rutina Al Dormir 84

Preparando El Ambiente 89

Recomendaciones Y Referencias 91

NAVEGANDO EL AUTISMO CON EL CORAZÓN

Nuestra Historia

Este libro es un recuento de nuestra experiencia navegando en el mundo de nuestra hija. Todas las estrategias y adaptaciones que hemos incorporado en nuestras vidas fueron creadas y continúan siendo implementadas para el desarrollo de Victoria. Muy temprano nos dimos cuenta que no queríamos seguir las terapias tradicionales del ABA; lo intentamos, pero no era para nosotros. Victoria necesitaba que viéramos su autismo a través de una luz diferente. ¡Su discapacidad no era un déficit, si no una capacidad bastante diferente! Ella necesitaba que viéramos su individualidad como un regalo y sus diferencias herramientas increíbles que necesitan ser pulidas, guiadas y apoyadas con amor. Nos dimos cuenta que sus rasgos autistas tales como "stimming" eran su manera de procesar su ambiente, no algo que tiene que extinguirse para que pueda ser "normal". Sus comportamientos son una forma de comunicación que necesitábamos entender para ayudarla a aprender una mejor manera para expresarse mejor. Nuestro único propósito con el desarrollo de Victoria se convirtió en ayudarla a navegar su propio camino con todo el apoyo que le pudiéramos brindar rodeándola con amor, empatía y compasión.

Mi esposo y yo llegamos a la conclusión que la educación tradicional no era una opción. No soy fanática de como el sistema escolar trata a nuestros niños habiendo sido parte del mismo. Esto no quiere decir que no hay profesores que son maravillosos y dedicados con sus estudiantes y les importa su trabajo. Pero desafortunadamente los profesores son mal pagados y sobrecargados con trabajo. La burocracia es la que hace que el trabajo sea difícil y es la causante del agotamiento de los profesores. Yo trabaje con niños y jóvenes en el espectro antes de convertirme en madre y esa experiencia me llevo a reflexionar y crear un currículo escolar desde nuestra casa para Victoria. Mi propósito fue el de crear un ambiente libre de estrés donde ella pueda ser si misma y aprender a su propio ritmo.

Después de cuatro años en nuestra búsqueda, ahora estamos en un lugar donde Victoria ha aprendido a regular sus emociones, reducir sus frustraciones, y esta mas feliz y dispuesta a participar en lo que le pidamos.

Nosotros creemos que su mejora acelerada empezó con semanas de haber descubierto las recomendaciones del Son-Rise Program, Autism Breakthrough escrito por Raun Kaufman. Este libro realmente nos cambio la vida ya que cambio nuestra perspectiva y creencias reafirmadas sobre el autismo. Encontramos una visión mas positiva sobre las capacidades de Victoria simplemente ACOMPAÑANDOLA en su "mundo", una terminología usada en el programa de Son-Rise; ella empezó a estar interesada en entrar en el nuestro. Esta fue la clave para ayudarla a reconocer y hacer las conexiones tradicionales que nuestra familia siempre había soñado.

Victoria ya casi tenia cuatro años y no queríamos forzarla a cepillarse sus dientes, lavarse su cabello o a comer; queríamos que entendiera lo importante que es cuidar de nuestros cuerpos para estar sanos. Ella se escondía en su coche cada vez que íbamos a nuevos lugares. Su falta de flexibilidad se extendía hacia como comía. Estas eran solo algunas de las conexiones con las cuales tenia dificultad en hacer y adicional a su sensibilidad sensorial, hacían de estas tareas diarias inaguantables para ella.

El concepto de "acompañar" era fascinante en el Autism Breakthrough. Aunque pareciera lógico, nunca se me ocurrió en practicar el concepto. Durante este tiempo Victoria todavía era no verbal y solamente comunicaba sus necesidades básicas a través del lenguaje por señas. Ella no le gustaba que nadie le tocara o jugara con sus juguetes. Muchas veces la veíamos jugando sola en una esquina de la sala, tranquilamente en su mundo jugando con sus figurines alineándolos o creando patrones con ellos. Su frustración era inmediata si llegase a tocarle su creación; los llantos y gritos eran tan intensos que terminaba con nauseas o vomitando. Le fascinaba pasear por toda la casa mientras jugaba con su sombra o mientras miraba fijamente a través de sus dedos con sus manos en frente de su cara. Algunas veces Victoria se nos acercaba solo para ver lo que su papá o yo estábamos haciendo; algunas veces corría brevemente hacia nosotros riéndose y después se marchaba. Los cambios en la rutina la ponían nerviosa; la hora del bañarse y la hora de comer, por ejemplo. Sentíamos su desconfianza cuando intentábamos enseñarle. Cuando era hora de colocarle sus zapatos, corría para alejarse de mi. La preocupación de lo que les pasaría a sus juguetes cuando salíamos de casa la debilitaba. A Victoria le gustaba salir con nosotros, pero su ansiedad lentamente entraba y teníamos que terminar nuestro paseo para evitar que la situación escalara.

Era muy doloroso verla en tanta angustia. No lo puedo explicar, pero yo podía sentir su miedo y ansiedad. Yo podía sentir su tristeza y todo lo que yo quería hacer era quitársela y hacerla feliz. Aunque nuestra actitud hacia el progreso de Victoria y hacia el autismo siempre había sido positiva, teníamos muchos momentos difíciles. Nuestros corazones se llenaban de miedo al pensar en su futuro. ¿Podrá comunicar sus necesidades? ¿La entenderán otras personas? ¿Podemos confiar en alguien con Victoria? Mis pensamientos no paraban sobre todo lo que me asustaba, empujándome a investigar sobre como ayudarla.

Al *acompañar* con Victoria, poco a poco empezamos a ser bendecidos con pequeños momentos. Momentos como la primera vez que Victoria dijo "Nani", que es como ella me llama. Ella tenia cuatro años y medio y lo único que le habíamos escuchado decir era "da-da" y "agua". Ese día salió de sus terapia y buscándome en el lobby me encontró y grito en alta voz "!NANI!" ¡No lo podía creer; mis ojos se aguaron con lagrimas de felicidad al escuchar su maravillosa voz y finalmente llamándome a MI! Su terapista trato de corregirla, pero yo la pare y le explique que era la primera vez que había dicho "mami". Era suficiente para mi; ¡Yo soy Nani!

A pesar de mi antecedente en ABA y otras estrategias recomendadas por especialistas de autismo, nunca se me había ocurrido de acompañar a mi hija en su stimming. ¿Como lo hice? Bueno, de la forma como lo estas pensando. Una tarde mientras Victoria estaba sumergida en uno de sus stims favoritos, dar vueltas, me levanté y empecé a dar vueltas yo sola en una esquina cerca a ella. Yo estaba esperando y viéndola para ver si respondía. La primera vez que lo hice no me presto atención. La segunda vez tome su atención brevemente. Paro, me miro confundida pero interesada en como la estaba imitando. La tercera vez empezó a reírse y ella se acerco a dar vueltas conmigo. Al llegar a casa esa noche, le conté a Miguel sobre nuestra interacción y fascinado el dio un par de vueltas para ver la gran sonrisa de Victoria.

Al día siguiente seguí acompañándola en dar vueltas y esta vez me senté una vez había terminado. Lo que hizo después me lleno de lagrimas; ella vino donde mi, halo mis brazos y señalo "mas". Le pregunte, "¿quieres que de vueltas contigo?" y ella señalo "mas", aplaudió y salto de pura emoción.

Di vueltas con ella y me mareé, pero estaba contenta de hacer esa conexión con ella. Ahí me di cuenta que el programa de Son-Rise tenia herramientas que podía usar para llegar a mi hija. Aunque había estado trabajando bastante con Victoria, no había podido tener una conexión verdadera con ella o tener interacciones significativas en todo nuestro aprendizaje hasta que la acompañe.

Empezamos a acompañarla en todo; desde como jugaba con sus juguetes a como quería comer. Ella lo encontraba gracioso y se reía durísimo. Su personalidad fue mas feliz y positiva a medida que disfrutábamos los intercambios que teníamos. Me permitió en nuestro currículo escolar añadir algunas actividades mas desafiantes y ahora ella participaba por algunos segundos. Manteníamos el positivismo y hacia que nuestros esfuerzos estuvieran llenos de energía. Este era el principio; la clave para hacer conexiones significativas entre nuestro mundo y el de ella. Victoria empezó a buscarnos mas frecuentemente para acompañarla y gradualmente su stimming empezó a menguar; aunque no se ha ido completamente. Ciertamente no es lo que queremos, ya que entendemos que es la forma de que su cuerpo procesa su ambiente. Victoria empezó a estar mas presente y dispuesta a participar en actividades diarias.

Nuestra esperanza es que puedan tomar algo de nuestras experiencias. Los ejercicios y ejemplos en este libro son en varias formas anécdotas de lo que mi esposo y yo hicimos con Victoria para ayudarla a comunicarse y a que a su edad sea lo mas independiente que sea posible. Nuestro enfoque es enseñarle habilidades del diario vivir y creemos que es crucial para su desarrollo individual el enfocarse en actividades simples. Estas incluyen el vestirse, comer, jugar, higiene y su salud emocional como prioridad. Cuando tu hijo esta feliz todo encaja en su sitio; el aprendizaje y entendimiento ocurren y las conexiones se realizan en tu hogar y en tu comunidad. Cuando le dimos a Victoria un lugar seguro, relajado y sin ninguna presión para que completara las actividades, las empezó a hacer por si misma con ninguna o mínima resistencia. Empezó a pasar menos tiempo en su mundo y mas en el nuestro. Era maravilloso verla cambiar una vez cambiamos nuestra perspectiva y actitud.

Somos firmes creyentes en la terapia ya que es una parte muy importante en el desarrollo de nuestra hija. Es importante estar atento de que estos soportes evolucionaran a medida que el niño crezca y puede que añadas o quites servicios a medida que sus necesidades van cambiando.

Sin embargo, si tienes dudas o no estas seguro sobre las terapias que tu hijo esta recibiendo, te recomiendo que escuches esa intuición; no le seas indiferente. Habla de tus preocupaciones con tu terapista ya que ellos pueden responder tus preguntas dándote la confianza de que en verdad están ayudando a tu hijo con un progreso adecuado. Considera en investigar en internet o escucha a jóvenes en el espectro ya que muchos hablan de su crianza. Estos jóvenes comparten sus experiencias sinceramente con lo que funciono y no funciono durante su infancia.

Creo que Victoria llego a nuestras vidas para hacernos mejores personas, ayudarnos a crecer y poder asistir otras familias como la nuestra. No nos dieron un manual una vez el doctor nos dio el diagnostico; solamente podemos emprender el camino y aprender en el viaje. Podemos usar la ayuda de otros padres con niños autistas en nuestra comunidad, leer lo mas que podamos sobre integración sensorial, lenguaje, juego, desarrollo emocional y social, y preguntar a los especialistas indicados por sus recomendaciones. Tenemos que entender que no solamente es la responsabilidad del terapista de ayudar a nuestros niños. Tenemos que acoger este viaje con todo el amor y cuidado que tenemos por nuestros viajeros. Necesitamos guiarlos, amarlos, y motivarlos para que sean las personas maravillosas que son. Este es nuestro viaje; algunos estamos listos para emprenderlo, otros puede que tengan miedo y estén nerviosos. Creo que es esencial como parte del proceso permitirte el sentir rabia, tristeza, frustración y felicidad. Permítete sentir y después toma acción sin dejar nada y tratando cada día como una nueva oportunidad.

Estoy muy agradecida por todas las madres maravillosas con las que he conversado en lobbies, por los muchos niños quienes me han ayudado a entenderlos y por los terapistas maravillosos que piensan de otra forma. ¡Gracias a todos ellos, veo un futuro maravilloso para mi hija y espero que así sea para ti!

LAS CONEXIONES SIMPLES: EL PRINCIPIO

Me levante como cualquier otro día a preparar el desayuno. Solo teníamos un auto, lo que significaba que tenia que alistar a todos porque Victoria tenia su sesión de terapia de cuatro horas en un centro ABA (Applied Behavior Analyst). Antes de salir, tenia que asegurarme de que se tomara su leche con proteína, comiera algo de desayuno y después pelear con ella para que se cepillara los dientes. A esto le seguía rogarle para que se vistiera y pusiera sus zapatos; todo mientras gritaba a todo pulmón.

Después de acomodar a nuestra Victoria de tres años en el auto, sentada al lado de su hermana Verónica de un año, llevábamos a mi esposo a su trabajo. En el transcurso, nos preparábamos mentalmente para el próximo colapso emocional de Victoria ya que tenia mucha ansiedad por separase. Como si lo hubiéramos pronosticado, tan pronto papi le decía a Victoria "te veo luego" BAM! A pesar que papi le daba un abrazo, un beso y le aseguraba a Victoria que la vería en la tarde, los llantos y gritos empezaban de nuevo.

Al llegar al centro ABA, yo ya estaba agotada mental y emocionalmente. Su mañana había sido difícil, pero yo tenia la esperanza de que su sesión de terapia fuera productiva. Usualmente yo no regresaba a casa mientras Victoria estaba en su sesión de terapia. Yo me quedaba con Verónica cerca del centro; ya fuera en el lobby o a unas pocas cuadras. Íbamos a sesiones de "mamá y yo", seguido por cuentos en la biblioteca local y finalmente esperábamos en un parque cerca del centro antes de ir a recoger a Victoria de su terapia.

En una de muchas ocasiones, entré al lobby del centro y fui recibida por uno de sus gritos desconsoladores; mi corazón latía rápidamente. Empecé a pensar en un millón de diferentes cosas que pudieron haberla hecho gritar de esa forma. Llegue a la habitación donde se encontraban y le pregunte a una de las terapistas que desde hace cuanto Victoria había estado disgustada. Ella muy cordialmente dijo "no mucho, acabamos de terminar de trabajar sobre tomar turnos y Victoria no quiso devolvernos el juguete que le dimos." Pensé "esta bien, lo tienen bajo control." Acercándome donde se encontraban, vi a mi hija rodando en el piso, llorando con los gritos mas desconsoladores, mientras un circulo de terapistas la rodeaban solo observándola. ¡Ni si quiera una sola persona estaba tratando de calmarla!

Yo entendía que había procedimientos, pero mi pequeña de tres añitos no podía procesar ni articular sus mas básicos pensamientos. Todo lo que ella quería mientras gritaba a todo pulmón, era alguien que la abrazara y reconociera lo que estaba sintiendo, le diera un abrazo y algo de seguridad y comprensión. Así que me acerque, me arrodille a su lado y la abrace. En mi voz calmada y comprensiva le deje saber que yo entendía sus sentimientos asegurándole que yo sabia que ella estaba triste por tener que devolver el juguete. Poco después le recordé que era hora de regresar a casa. Se levanto, me abrazo fuertemente, señalo hacia la puerta y me trato de decir "home." En ese entonces, por medio de gestos o aproximaciones verbales, me dejaba saber que entendía, ya que no podía comunicarse claramente. Después de esa experiencia, sabia dentro de mi que Victoria necesitaba un método diferente. Un método que fuera mas amable, amoroso y con paciencia para ayudarle a realizar las conexiones simples que como padres queremos con nuestros hijos.

Los métodos estoicos a base de investigación usados hasta ese entonces, se convirtieron contra productivos para su desarrollo saludable, como la viajera única que es en el largo tramo del aprendizaje llamado la vida.

Un poco sobre mi

Mi nombre es Angie. He estado en este viaje por mas de dos décadas. Desde muy pequeña sabia que quería trabajar con niños y sus familias. Recuerdo desde muy temprana edad haber estado intrigada por mi primo; un niño muy feliz que tenia una manera muy peculiar en su forma de aprender y jugar. Mi familia se preocupo al saber que había sido diagnosticado con autismo e hizo lo que cualquier padre en su situación hubiera hecho; inscribirlo en cuanto servicio hubiera disponible tal como terapia para el lenguaje y terapia de comportamiento. Fue así como me convertí en la terapista de cuidado para mi primo porque quería ayudarlos. Esta fue mi primera experiencia viendo a través de un niño con autismo, tomando cada detalle y aprendiendo sobre lo que él hacia durante el día. Me enseño a tener una nueva apreciación sobre las cosas simples. Este periodo de tiempo con mi primo fue mi primer paso para entender y apoyar a niños en el espectro (autismo).

Poco después me convertí en voluntaria en Schott Communities, una organización especial que provee servicios a personas con discapacidades múltiples. Una de las muchas divisiones asombrosas de Schott Communities era su Capilla de San Judas; un lugar de alabanza que era y aun sigue siendo verdaderamente inclusivo. Como voluntaria en su departamento de formación espiritual, trabaje con jóvenes en el espectro ayudándolos a completar sus sacramentos, empezando con su Primera Comunión y después con su Confirmación.

Estos estudiantes no podían ir a la escuela espiritual los domingos como cualquier otro niño o joven. Dada su discapacidad, tenían dificultad para enfocarse y comunicarse. Por ello, desarrollamos un libro con fotos para que cualquier persona en el espectro pudiera atender la misa y concentrarse mas fácil. Detallamos cada parte de la misa en fotos, tal como los cantos de entrada, lecturas, comunión y oraciones. Dimos un orden visual de acciones como cuando pararse, arrodillarse y cuando persignarse, así facilitando la participación en la misa cada semana.

Para mi fue muy especial y significativo ser parte de crear estas conexiones significativas entre los estudiantes y la comunidad de la Iglesia. La parte visual fue importante y sirvió como un puente para nuestros estudiantes en la comunicación y comprensión. Sus vidas y la de sus familias tuvieron un cambio realmente bueno. Fue ahí que mi pasión para apoyar las relaciones de familia para aquellos con un familiar con autismo se intensifico.

Siguiendo mi llamado interno de tener una profesión en este campo, trabaje como una asistente de cuidado personal, terapista de cuidado, asistente de maestro ESE (Special Educator), maestro sustituto y como terapista de comportamiento. Todo al mismo tiempo que tomaba clases en la universidad. Disfrute trabajar en casa con estas familias y sus niños en vez que en un centro ABA. ¿Por qué? Porque los cambios hechos en casa, donde la familia esta en un estado natural, tienden a ser permanentes y cambian sus vidas. Padres e hijos tienen la mejor disposición mental para aprender y tener una conexión mas profunda con su hijo porque en casa pueden ser ellos mismos, sin ninguna presión o juicio. ¡Así, estos padres descubrieron durante este proceso su habilidad natural para ser el mejor maestro de sus hijos!

Mi perspectiva sobre el autismo comenzó completamente a cambiar una vez diagnosticaron a mi hija. En uno de los muchos libros que he leído, una madre habla sobre su experiencia de criar a su hijo con autismo, estando constantemente en modo de "intentar y fallar" (Libutti, Awakened By Autism). Yo entendía porque yo también había intentando varias terapias recomendadas para Victoria. Como terapista ABA de profesión, inmediatamente empecé a implementar estrategias en mi casa después del diagnostico de Victoria. Trabajando constantemente con Victoria, aplicando métodos ABA por dos años completos desde que tenia 18 meses hasta que tenia tres años y medio. No obstante, contrario a mi experiencia como terapista, empecé a observar muy lentamente como mi pequeñita se había convertido en una personita ansiosa, con miedo al cambio y a nuevas experiencias. Me di cuenta que la ansiedad la empezó a afectar profundamente. Su aprendizaje, su nivel de desarrollo y aun su deseo de estar alrededor de la familia en eventos sociales había disminuido. Para mi era evidente que ella no era feliz con el aprendizaje día a día. Fue ahí que tome la decisión de descartar toda la data que había recolectado hasta entonces. Estaba cansada. Las estrategias de ABA en casa no eran posibles. Yo, que por muchos años había sido la terapista sugiriendo estas mismas terapias a muchos padres, me daba cuenta de que no le estaba dando la mejor oportunidad a mi hija de triunfar en su viaje. Esta frustración me puso a pensar que había que haber una mejor manera; mas natural, menos fuerte, y con mas amor para enseñarle.

¡De esto se trata Las Conexiones Simples! Sin evaluaciones, sin recolección de data, simplemente teniendo esas Conexiones Simples durante el día en cada interacción y experiencia.

Es mi deseo que Las Conexiones Simples te ayuden a simplificar las tareas diarias que suelen parecer agobiantes o imposibles para nuestros pequeños viajeros. Este método no significa que descartemos objetivos, por lo contrario, se trata de desarrollar objetivos desde un lugar de mayor conciencia por las necesidades y capacidades de nuestros niños. Una vez estés listo para escribir algunos objetivos, se consiente del propósito; ¿este objetivo satisface mis expectativas o las necesidades de mi niño? ¿Este objetivo requerirá mayor o menor apoyo de mi parte? Los objetivos principales que diseñemos para nuestros pequeños deben dirigirse hacia ser mas conscientes sobre la seguridad de si mismos, ayudándolos a ser mas independiente en su hogar, lo que últimamente resultara con un niño mas feliz. Intenta de tener objetivos que ocurran naturalmente en tu hogar. Entre mas reales y naturales sean, mas fácil será para tu hijo aprender a practicar e implementarlos en tu hogar y en tu comunidad.

Ahora te doy la bienvenida para embarcar en este viaje lleno de amor y gratas experiencias. Tu crees profundamente en tu hijo y también tienes tu mente abierta a las demás posibilidades que hay en la búsqueda de guiarlo para que logre todo su potencial. Muchos de ustedes ya han tomado el primer paso hacia esta nueva aventura al explorar las diferentes posibilidades para ayudar a su hijo. No obstante, debemos de traer algunos artículos básicos como en cualquier viaje. Para este viaje, ¡necesitas tener primordialmente amor y una actitud positiva! No podremos lograr lo que en este libro se sugiere si no se traen estos atributos, bien sea si eres nuevo a la familia del autismo o si eres mas experimentado. Sobre todas las cosas, tenemos que recordar y ser consientes de nuestra actitud y mostrar nuestro amor como padres, defensores y la voz de nuestros pequeños viajeros, la cual somos.

Esto es especialmente cierto cuando nuestro viaje se torna difícil, ya que nuestros hijos perciben todo lo que ocurre alrededor de ellos, aunque no nos lo dejen saber.

Tomando conciencia de nuestras intenciones

Trabaje brevemente como una asesora en un colegio primario donde mi función era proveer apoyo a maestros ESE quienes trabajaban con niños en el espectro. Note durante una de mis visitas objetos en un cajón para un estudiante de 10 años. La actividad requerida del estudiante era la de atornillar una tuerca a un tornillo en un pedazo de madera. Le pregunte a la maestra que era lo que el estudiante estaba aprendiendo. Ella respondió que era una actividad para desarrollar su independencia. Me pregunte a si misma como esto ayudaba a desarrollar independencia ya que en mi opinión, no ayudaba en nada. Él estaba aprendiendo a completar una tarea especifica por si mismo (atornillar una tuerca), mientras fortalecía sus músculos de motrices finos. Sin embargo, para mi parecer, iba a ser muy difícil transferir esta habilidad para ser independiente, a menos de que trabajara en una función donde le fuera requerido hacer esta tarea especifica en el futuro. Un sin numero de actividades le hubieran servido mejor para completar tareas independientemente mientras al mismo tiempo fortalecer sus músculos de motrices finos. Por ejemplo, emparejando y doblando medias o limpiando y organizando las sillas después del almuerzo.

Tomate un momento para reflexionar sobre el ejemplo anterior y piensa sobre el futuro de este estudiante. Todos nuestros hijos deben de saber donde va la ropa sucia, así como ponerla en su sitio una vez ha sido lavada. Si tu hijo no sabe esto, esta es una gran oportunidad. Aprovecha esta oportunidad y enséñale esta simple tarea; independencia a través de tareas que tendrán que hacer cuando sean adultos.

Se les puede enseñar en partes y apoyado por diferentes actividades tal como emparejar medias, doblar shorts o clasificar ropa. Esta es la mentalidad que quiero que tengas cuando estés repasando los objetivos de tu hijo; por ejemplo, ¿le ayudara esta actividad a ser independiente en el futuro?

¿Como puede que esto luzca en tu hogar? En la nuestra, por ejemplo, Victoria y sus hermanas menores ayudan a clasificar la ropa en la canasta por colores; blancos, oscuros y livianos. Después, se toman turnos ayudándome a cargar la canasta hacia el cuarto donde esta la lavadora. Ahí un banquillo las ayuda a pararse y depositar la ropa sucia en la lavadora. A tan corta edad, este trabajo pesado es excelente y un gran aporte sensorial. Luego, mido la cantidad de detergente en una copa y una de ellas me ayuda a echarlo en la lavadora, cierro la puerta y presiono el botón "Start." Algunas veces se pelean por presionar el botón, lo que resulta en una oportunidad para hablar sobre tomar turnos y así darle la oportunidad a otros para que tomen la iniciativa. Una vez es hora de secar la ropa, saco la ropa de la lavadora y se la doy a una de ellas para que la coloquen en la secadora. Mi hija major cierra la puerta y la del medio presiona el botón de "Start." A la hora de doblar, participan lo mejor que pueden y organizan su ropa con algo de ayuda.

Esto que acabo de describir no es perfecto. Pero nosotros no estamos en busca de perfección. Lo que queremos es que disfruten la actividad y lo intenten de la mejor manera para completarlo. Debo admitirles que a Victoria no le gusta hacer esto. Ella dobla la ropa, pero detesta organizarla. Por ende, lo hacemos como un juego; ¡la que termine en organizar la ropa primero, se gana una galleta de chocolate!

Recuerda que es importante darles un regalo para alentarlas y para que tengan compromiso cuando lo sea necesario. Yo hago la rutina de la "lavandería" cada semana porque lo considero una función importante. También me he dado cuenta que teniendo hijas de seis, cuatro y dos años, podemos hacer esta actividad juntas. Este fue solo mi ejemplo. Hay muchas otras responsabilidades en las que puedes involucrar a tu hijo cada semana. Tal vez sea enseñarles a sacar la basura, organizar su habitación, cocinar algo simple, etc. Una vez sepas lo que es, pártelo en varios pasos haciéndolo fácil para que ayudes a tu hijo a tu propia manera cuando lo necesite. Ponte como misión dejar que tu hijo te ayude en esas actividades que sabes le beneficiaran a largo plazo, así como enseñarles a ser responsables. Usemos esas oportunidades para crear objetivos que alienten a nuestros hijos a trabajar en funciones desafiantes que desarrollaran aquellas habilidades tales como cocinar, cuidado personal, organización, conversación y mas. No estamos solos; tu y yo juntos podemos seguir explorando posibilidades cercanas y en nuestro día a día que pueden servir para que tengan una enseñanza significativa. ¡Sigue Adelante!

ACTIVIDAD

La lista en esta pagina es para ayudarte a pensar sobre algunos objetivos que quisieras que tu hijo logre.

Recuerda que el propósito de esta actividad es ser consientes de nuestras intenciones.

Después de que hayas escrito algunos objetivos en la lista, preguntate lo siguiente:

1. ¿Es este objetivo en beneficio del desarrollo de mi hijo? ¿O, porque es alguna norma u objetivo recomendado a su edad?

2. ¿Es este objetivo requerido para la independencia en general de mi hijo?

3. ¿Es este objetivo, de cualquier manera, egoísta? ¿Le da la oportunidad a mi hijo de aprender funciones significativas que le desarrollara su autonomía para el futuro?

¡Piénsalo! Cuando nuestros hijos aprenden habilidades que los hacen feliz, su autoestima se desarrolla naturalmente y los alienta internamente a seguir aprendiendo y aplicando todas las habilidades adquiridas en su diario vivir. Recuerda, este ejercicio no es sobre nosotros. Necesitamos tomar nuestros sentimientos, orgullos y deseos fuera de la ecuación y enfocarnos en las necesidades del ahora de nuestros hijos para que tengan un mejor futuro. Nuestro papel aquí es el de alentarlos para que sean personas independientes y también para que se les permita explorar sus intereses.

¿EN QUE OBJETIVE QUIERES TRAGAJAR?

Objetivo	¿Quién se Beneficiará de este objetivo?	
	Hijo	Tu

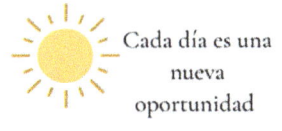
Cada día es una nueva oportunidad

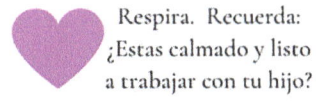
Respira. Recuerda: ¿Estas calmado y listo a trabajar con tu hijo?

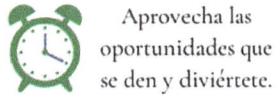
Aprovecha las oportunidades que se den y diviértete.

NOTAS DEL CAPITÁN

Después de haber escrito algunos objetivos, revísalos de nuevo y recuerda lo siguiente; los objetivos deben ser dirigidos por el niño, no solo por el terapista o el estándar ideal impuesto por otros con respecto al desarrollo de tu hijo. Esos estándares deben ser usados como una guía de referencia para guiarte, mas no para que sean mandatorios. Cada uno de nuestros pequeños viajeros esta en su propio camino, lo que también significa que se hacen las cosas a su debido tiempo.

En nuestra familia, por ejemplo, tomarnos ese paso a paso, día por día es algunas veces mas favorable que hacer que Victoria termine una actividad la cual no es de su preferencia. Ella nunca ha aprendido cuando usamos incitación excesiva como una estrategia para que ella termine algo. Al contrario, esto le ha causado que sus niveles de ansiedad se eleven altamente, los cuales hemos sabido manejar con actividades sensoriales. En los próximos capítulos discutiremos mas a fondo porque las actividades sensoriales son parte de nuestra rutina diaria y como son un papel clave para crear un ambiente positivo para que nuestros viajeros prosperen. De hecho, casi cualquier persona puede experimentar los beneficios de un descanso sensorial. ¡Todas mis hijas muestran un mejoramiento en su actitud casi inmediatamente! El descanso sensorial conlleva a un tono positivo en nuestro hogar y me mantiene en mi mejor estado mental para apoyar a Victoria y a sus hermanas.

UNA NUEVA PERSPECTIVA Y ACTITUD

A continuación, un poco sobre mi familia

Mi esposo Miguel y yo tenemos tres hermosas niñas a las que llamamos nuestras pequeñas viajeras; Victoria, Verónica y Anabella.

Para la primavera del año 2014, nos llenamos de mucha alegría al saber que estábamos esperando a nuestra primera hija, Victoria. Como muchos padres novatos, leímos bastante sobre que tipo de plan de nacimiento deberíamos de tener; si era mejor tener un doctor o a una partera; dar a luz en casa o en un hospital, etc. Ciertamente cualquiera que fuera el plan que últimamente escogiéramos, seria el mejor plan para nosotros. Yo había hecho mi investigación y estaba decidida a que quería dar a luz en casa. Así que buscamos a una partera y fuimos a las clases requeridas de parto. ¡Fueron de lo mejor! En mi opinión, las mejores clases que un padre puede tomar.

En una de las clases, la partera saco un cordón de 18 pulgadas, lo estiro en frente suyo y empezó a hablarnos sobre lo que ese cordón de 18 pulgadas representaba.

Nos dijo "los primeros 18 años de vida de nuestros hijos." Ella nos explico "las primeras 4 pulgadas de este cordón representan sus primeros 4 años y son los años mas importantes en la vida de sus bebes. Estos son los años cuando tienes mayor influencia en su vida, porque cuando cumplen 5 años, ellos empiezan su aprendizaje en el colegio donde serán influenciados por profesores, trabajadores del colegio, compañeros y posiblemente gente extraña. No tendrás mayor influencia sobre ellos ya que típicamente ambos padres trabajan, dejando pocas horas del día para compartir con ellos antes de que se acuesten."

Después nos pregunto, "¿Que diferencia harán con el tiempo que tendrán con sus bebes para ser los padres que dan el mayor amor y tener mayor influencia sobre ellos?" En ese momento Miguel y yo aprendimos lo que considero ser una de las mas importantes lecciones en nuestras vidas.

¿Por que comparto esto con ustedes? Porque fue en ese momento que nuestro viaje con Victoria empezó y fue el primer cambio en nuestra perspectiva y actitud sobre como queríamos construir nuestra familia. Decidimos vivir con un solo ingreso para poder quedarme en casa con Victoria por los primeros dos o cuatro años antes de matricularla en el colegio. Les confieso que no fue fácil. Para muchos les pareció descabellado dado al alto costo de vida, pero haciendo un presupuesto meticuloso lo logramos.

Sigo agradecida después de seis años por tener la posibilidad de estar en casa con mis niñas. Fue en ese entonces la primera vez donde cambiamos nuestra mentalidad sobre lo que pensábamos como se "debía" vivir. Mi plan era seguir trabajando y colocar a mis hijas en el colegio como siempre se ha hecho. No les puedo explicar aquella intuición que tuve en mi corazón mientras estaba embarazada, pero la pregunta de la partera aquella vez "¿Que diferencia harán con el tiempo que tendrán con sus bebes para ser los padres que dan el mayor amor y tener mayor influencia sobre ellos?" termino de confirmar lo que sabia muy dentro de mi y que aun no había podido expresar.

Les puedo afirmar ahora que, al cambiar esta perspectiva, cambio la calidad de tiempo que pasamos en familia. También transformo nuestra actitud sobre lo que queríamos enseñarles a nuestras hijas.

Así que poco después que nació Victoria, decidimos intentar educarla en casa o como se dice acá "homeschooling." No sabíamos la importancia de lo que seria individualizarle su educación para su desarrollo emocional y educacional. El cambio que realizamos lo vemos validado al ver a nuestras hijas florecer, especialmente Victoria, cada vez que aprenden y exploran por si mismas. Puede que tu no puedas quedarte en casa con tu hijo, no obstante, no subestimes el gran impacto que tienes sobre tu hijo a pesar del poco tiempo que sientas que tienes para dedicarle. Date cuenta la importancia de cada minuto que estés con ellos.

Podemos ajustar a gran escala nuestra perspectiva y actitud, como ocurrió conmigo. Pero no te equivoques, los cambios en perspectiva y actitud a menor escala son los que han tenido el mayor impacto en la vida de nuestras hijas. Lo que quiero decir es que son las oportunidades que aprovechamos del día a día, aquellos momentos donde nos comprometemos, y la intención detrás de cada interacción con nuestras hijas las que han creado este impacto. Son en estas instancias donde podemos escoger nuestra propia perspectiva y actitud. Por eso considero una de las principales herramientas necesarias para este viaje el tener una actitud flexible y positiva, conductiva a ser mas intencional en la creación de momentos para enseñar. ¡Esto hará la diferencia! Créeme que lavar la ropa yo misma hubiera sido mucho mas rápido, pero luego de echarle algo de mente y cambiando mi perspectiva, me di cuenta que dejando que mis hijas me ayudaran les beneficiaria a largo plazo. Podemos adaptar cualquier parte en las funciones de nuestros hijos y así alentarlos a que realicen cualquier actividad. Como lo describí en la actividad de la lavandería, la edad no es un obstáculo para el aprendizaje de nuestros hijos.

Recuerda que no necesitamos que la actividad sea perfecta. ¡Queremos participación en vez de perfección! Tuve que poner mis sentimientos personales a un lado y tomar conciencia en cambiar mi actitud para así poder enseñarles a mis hijas esta importante función del diario vivir. Involucrar a mis hijas requirió una larga dosis de paciencia y creatividad en el cambio de mi actitud. Quizás estés pensando que no tienes la paciencia y creatividad para hacer lo mismo, pero créeme cuando te digo que estos atributos los encontraras dentro de ti una vez te des cuenta de aquella función importante la cual crees que tu hijo necesita aprender. El amor y motivación son el combustible que fortalece nuestra mentalidad y enfoque para mejorar la calidad de vida de nuestros hijos. Nuestra perspectiva y actitud empiezan a cambiar poco a poco. Cuando pienses sobre actitud, imagínate poniéndote un par de gafas de sol con un teñido azul que definitivamente nos hará ver al mundo de otra manera. Necesitaremos esta analogía para recordarnos sobre nuestra actitud al trabajar con nuestros viajeros. ¡Parte de su éxito es como nos sentimos y como interactuamos con ellos a través de sus experiencias!

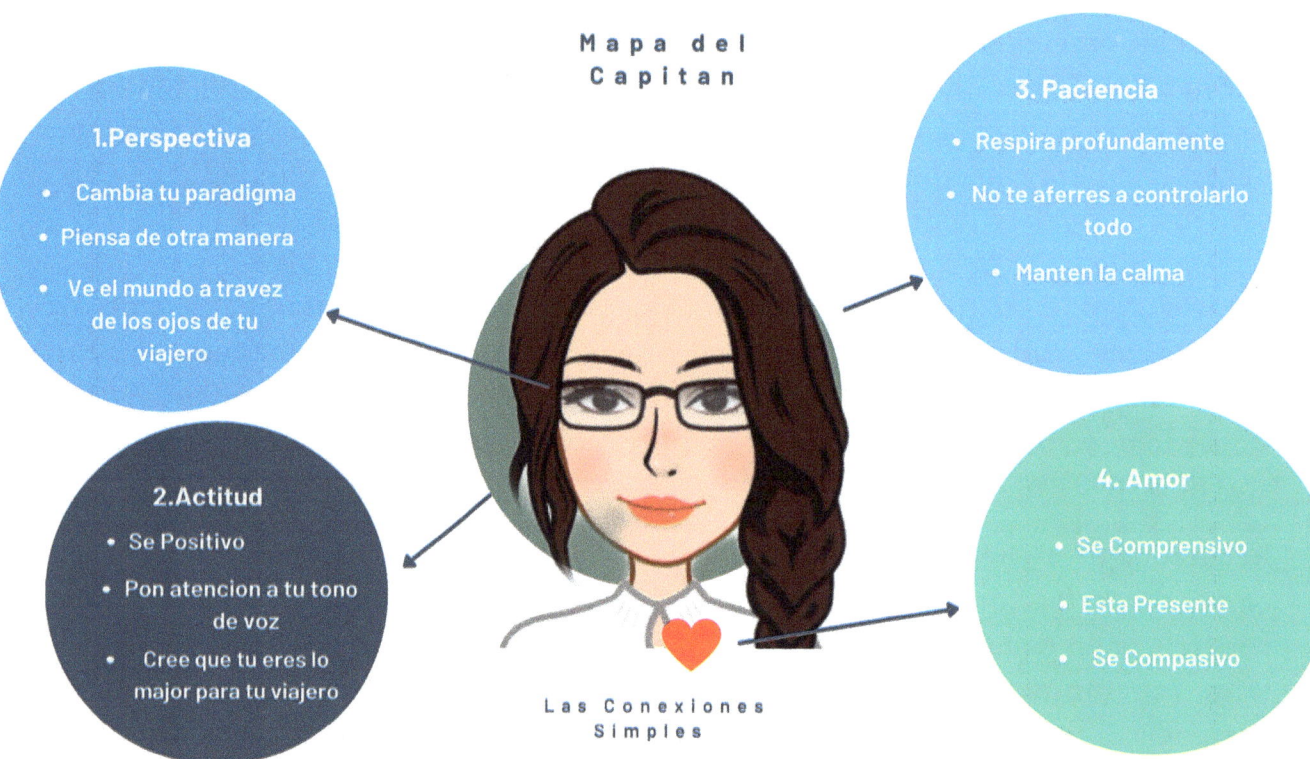

LA LISTA DEL CAPITÁN

☐ Nuestra perspectiva tiene un efecto en nuestros sentimientos.
(Tengo sentimientos sinceros o estoy pretendiendo estar feliz? Cómo puedo mejorar mi perspectiva?)

☐ La actitud es el factor más importante en mantener una relación positiva con nuestro viajero.
(Como puedo mejorar mi actitud?)

☐ Crear experiencias significativas es crucial para construir habilidades permanentes.
(Como puedo mejorar la creación de experiencias significativas para habilidades del diario vivir, sin importar lo vital o repetitivas que puedan ser?

LOS MEJORES MAESTROS SON NUESTROS HIJOS

No soy una experta. Por ello, mi hija ha sido y sigue siendo mi mejor maestra. He aprendido a seguirla cuando le introduzco algo nuevo, midiendo su interés y su deseo de querer participar. Puedo proceder si me muestra que esta interesada, pero si me muestra resistencia, se que debo parar. Victoria me ha enseñado a pausar y utilizar mi intuición para tener una mejor conexión con ella. Creo que esto le permite abrirse a nuevas posibilidades y a su vez me da oportunidades de entrar en su mundo para enseñarle a su nivel.

La clave para apoyar sus necesidades individuales de la mejor manera esta en nuestra habilidad de escuchar activamente, observar y responder adecuadamente a lo que nuestros hijos nos comunican con palabras o acciones y darnos cuenta que estamos en su horario (en su propio tiempo). Estas dos habilidades están interconectadas en muchas maneras ya que el escuchar atentamente puede que tome mas tiempo de lo esperado. Probablemente tengamos que invertir mas tiempo en darle la libertad a nuestros hijos en aprender a comunicarse y a procesar sus sentimientos a medida que se sientan cómodos en diferentes circunstancias. A continuación, lo que he aprendido hasta ahora.

Expandir Nuestra Habilidad De Escuchar

Muchos de nuestros pequeños viajeros tienen dificultad expresándose. Puede que algunos usen palabras mientras otros expresan sus sentimientos a través de otras formas como lo son el llanto, la risa, el grito, la risilla, o saltando de la emoción u otras maneras muy peculiares.

Por ejemplo, puede que algunos golpeen, mientras otros pueda que abrasen y aprieten. El punto es que recordemos que cualquier comportamiento es una manera de comunicación a la cual debemos de escuchar activamente.

Victoria se cubría los ojos, lloraba y se quejaba con sonidos muy altos una y otra vez cuando las cosas no salían como ella quería. También frotaba sus dedos; una señal física de ansiedad, lo que me decía que estaba estresada. Esto solía ocurrir cuando tenia que organizar sus juguetes antes de irnos a su terapia de lenguaje. Yo sabia que no era la terapia la que le causaba este estrés porque yo sabia que ella disfrutaba las sesiones. Por ende, pude deducir que el causante de su estrés era dejar sus juguetes. Al darme cuenta de esto, le dejaba saber que reconocía sus sentimientos y le aseguraba que sus juguetes iban a estar en la misma parte una vez regresáramos a casa. Esta estrategia no sirvió mucho para calmarla en ese entonces.

Victoria tenia alrededor de cuatro años y no hablaba. Descubrimos que la música la atraía y fue así como la música empezó a tomar un papel importante en muchas de nuestras interacciones. Aprendí rápidamente en atraer su atención convirtiendo muchas de las cosas que necesitaba decirle en canciones, calmándola en el proceso. Empecé a pensar sobre canciones conocidas como "The Farmer In The Dell", y le cambiaba las palabras con la instrucción que estaba tratando de darle. Yo le cantaba, "¡es hora de limpiar, es hora de limpiar, oh si, oh si, oh si, ¡es hora de limpiar!" Esto la relajaba un poco y lentamente me ayudaba a organizar sus juguetes. La música le ayudo a desarrollar naturalmente su lenguaje a medida que intentaba cantar conmigo. Así que alargue la canción "¿donde va esto? ... ¡oh si, oh si, oh si, va en su cajón! Victoria empezó a repetir la ultima palabra, "bin" (cajón) mientras organizábamos los juguetes en el cajón, poco después de hacerlo unas cuantas veces.

Después que nos dirigíamos en el auto hacia su terapia, yo ya había cambiado de nuevo la letra de la canción para así poder encajar la acción, "hora de ir a terapia...". ¡Todo cambio una vez decidí poner en canción todo lo que quería que hiciera! La música la ayudaba a calmarse. Las transiciones de organizar para luego ir a terapia fueron mas agradables. Todo el esfuerzo para crear estas experiencias positivas valió la pena, aunque debo admitir que terminaba cansada.

Una vez Victoria empezó a usar mas palabras y quería pedir algo, alternábamos usando entre lenguaje básico de signos, apuntando y visuales en un tablero para la comunicación básica. A medida que se sentía mas cómoda pidiendo artículos familiares, le enseñamos a apuntar a fotos de caras con sentimientos y palabras simples que describían sus sentimientos tales como triste, enojada o feliz. Después expandí eso a "me siento", usando una de las fotos del tablero. Colgamos el tablero cerca de la cocina, donde jugaba frecuentemente. Nos aseguramos que lo usara casi a diario hasta convertirse en un habito del ir al tablero cada vez que necesitaba expresar sus sentimientos.

Victoria ya tiene casi siete años y se puede comunicar con frases completas con algunos recordatorios. Te puedo testificar que todo empezó con escuchar, observando cuidadosamente sus claves de comportamiento y aprendiendo a responder en maneras que ella podía reconocer. Aun necesita que le recordemos de vez en cuando que se calme y use sus palabras en vez de llorar o quejarse cuando se frustra. Este ejercicio le da calma y le asegura que puede regresar a sus actividades mas tarde. Nuestro viaje continúa siendo un proceso, pero a medida que continuemos escuchando activamente, sentimos que estamos mejor preparados para apoyar sus necesidades.

Algunos niños se molestan a la hora de vestirse. Los gritos pueden sacudir a cualquier padre y piensan "aquí vamos de nuevo…", pero en realidad, es una oportunidad para dar un paso atrás y observar que es lo que esta haciendo que el niño tenga esa reacción. ¿Sera la textura de la ropa? ¿tal vez, alguna prenda equivocada la que este causando el estrés?, o ¿tal vez porque es su manera de resistir cuando es hora de ir a algún lugar? Es clave como padres identificar la causa para poder ayudar a nuestros hijos de la mejor manera. Esto lo hacemos escuchando activamente, observando y respondiendo adecuadamente.

Usemos este ejemplo, separándolo por partes para ayudar a nuestros hijos a transformar esta circunstancia en una experiencia positiva. Digamos que por medio de la observación descubrimos que es la textura de la ropa que no es cómoda. Si el niño es sensitivo a texturas o la ropa no es de la talla correcta, la solución será solo tener disponible la ropa en la que ellos se sientan cómodos. Si descubrimos que el asunto es mas de control, y el niño rehúsa a usarla porque no es lo que quieren o lo que ellos mismos escogieron, le puedes ofrecer dos opciones y darles el control sobre la que escojan. Puede que sea algo muy particular lo que este haciendo que el niño tenga esta reacción. ¿Como mas podemos saber lo que pasa si no es por medio de la observación con intención de su comportamiento y las posibles causas del mismo? Solo entonces podemos implementar soluciones efectivas para facilitar sus frustraciones.

Victoria me ha peleado cuando es hora de vestirse, desvestirse y cuando es hora de ponerse los pijamas en la noche. Hubo un tiempo donde ella solo quería usar vestidos. Hoy en día no quiere ni verlos; y a mi me da igual. No tengo ningún problema dejarla escoger su propia ropa así sea lo mas ridículo, siempre y cuando sean apropiados de acuerdo al clima.

Victoria tampoco le gusta usar ropa nueva. Ella no se pone ropa a menos de que venga de su armario o de su closet. ¿Cual fue mi respuesta a esto? Lavo la ropa nueva y después se la meto en su armario o closet sin que ella se de cuenta. Una vez ella ve la ropa en su closet o armario, aunque puede que no sea familiar, lo acepta mas fácil y hasta puede que llegue a usarla inmediatamente. Yo le doy tiempo y le doy opciones de ropa que incluye mezclar la ropa vieja y nueva cuando no quiere ponerse la ropa nueva. Esto la ayuda a cambiar gradualmente a sus nuevas tallas a medida que va creciendo. Al contrario, sus hermanas les encanta la ropa nueva.

¿Que comportamientos tiene tu hijo y que crees que te esté tratando de comunicarte? ¿Cómo puedes ayudarlo con sus frustraciones y posiblemente ayudarlo con su habilidad de auto-regular sus emociones, enfrentar cambios y expandir su habilidad de comunicación? Confía en tus instintos ya que tu eres la mejor persona que conoce tu hijo. Cuando tu hijo este llorando o comportándose fuera de lo habitual, recuerda que no es porque quiere hacerse el difícil, mas bien se está comunicando a través de su comportamiento. Recuerda que nuestros hijos muchas veces no saben como pedir adecuadamente. Muéstrale por medio de repetición, palabras modelo y acciones que harán la diferencia a largo plazo. Tu hijo, como mi hija, hablan hasta que la ansiedad o un ataque de pánico llegan y su habilidad para procesar y comunicarse verbalmente se interrumpen. Todo niño se beneficia al aprender diferentes maneras de regular sus sentimientos tales como respirando profundamente o contando; aunque se puedan comunicar sin problema. ¡Sin duda el mejor regalo que le puedes dar a tus hijos es estar en sus vidas! Muchas veces nos olvidamos de tomarnos un tiempo, parar y pensar en vez de andar a toda prisa durante el día.

La cocina necesita estar arreglada, la comida necesita ser preparada y los pequeños necesitan ayuda para comer; a esto súmale el trabajo y tu vida personal. Muchas veces todo lo que ellos necesitan es un momento breve donde reconozcas la frustración de tu pequeño viajero respondiendo con empatía como mejor puedas.

Tu Estas En El Horario De Tu Hijo, No Al Revés

Tenemos que hacer el esfuerzo de estar en su horario a medida que expandimos y mejoramos nuestra habilidad de escuchar y comunicarnos con ellos. A decir verdad, este fue mi desafío. Tuve que cambiar mis propias expectativas trabajando con Victoria. Aprendí a mermar y librar cualquier presión para que ella hiciera lo que yo le pedía. Nuestros hijos no tienen noción del tiempo. Aparte de sentir hambre o de estar pendiente de la hora de comer, no están interesados en seguir un horario. Nuestros hijos puede que no sepan nuestro horario para realizar actividades, como por ejemplo cuando se come, cuando se juega, cuando se duerme, cuando se va al baño, y cuando se trabaja. ¡Muchos niños se levantan y quieren jugar! Si este es tu caso, aprovecha la oportunidad en lo posible y disfruta con ellos. Puede que tengas que tomarte un tiempo el fin de semana o después del colegio, pero considera el valor de tu esfuerzo en ello y tu intención. Jugar es una de las maneras mas fáciles de entrar en un momento de enseñanza significativa. Muchos expertos están de acuerdo que los niños aprenden lecciones muy importantes naturalmente cuando juegan.

Necesitamos hablar ahora de ciertos desafíos los cuales son únicos con nuestros hijos; esos desafíos específicos que salen a la luz cuando estamos en la calle y puede que sean agobiadores.

Aprovecha esta oportunidad para ayudar a tu hijo a sobrepasar estos desafíos primero en casa, si puedes pensar en una de estas instancias. Por ejemplo, a Victoria se le hacia difícil ensuciarse sus manos o su ropa. Ella paraba de hacer lo que estuviera haciendo, gritaba para que todos los vecinos pudieran escuchar y trataba de arrancarse la ropa si le llegaba a caer jugo o comida en su camiseta o en sus manos. Solo imagínate lo que era para nosotros ir a un cumpleaños o a restaurante. Una de las maneras que le ayudamos a sobrepasar este obstáculo fue introducirla a diferentes actividades (con pintura, arena, etc) en casa que le ayudaran a incrementar su tolerancia al ensuciarse. La dejábamos que jugara con pintura y crema de afeitar mientras le brindábamos una toalla y la dejábamos que la usara. Esto le daba la seguridad de saber que, si el juego era muy agobiante, fácilmente se podía limpiar las manos. Esta pequeña acomodación le ayudo a construir seguridad y confianza al saber que había una solución simple para calmar su ansiedad descontrolada al ensuciarse.

Gradualmente mejoramos nuestros esfuerzos observando intencionalmente su comportamiento para entender lo que trataba de comunicarnos. En otras ocasiones, Le dejábamos saber que estaba bien que parara cuando empezaba a mostrar señales que estaba enojándose cuando le dábamos una actividad que la desafiaba. ¡Leíste bien, le decíamos que parara! Ojo que esto no significaba que no lo intentaríamos de nuevo, o darnos por vencidos y olvidar el ejercicio. Significaba parar por un momento para reconocer sus sentimientos y su estado mental. Juntas empezábamos ejercicios de respiración profunda y de contar, así como tomar un articulo sensorial para ayudarla a relajarse; por ejemplo, su "body sock", el trampolín o el "rocker."

Este pequeño descanso le daba su momento para que procesara sus sentimientos y se calmara. El descanso era usualmente entre cinco y diez minutos antes de poder seguir. Parar de esta manera valía la pena porque una vez se relajaba, su estado mental hacia mas fácil la transición hacia la actividad con la arena o la pintura. Era vital para este proceso estar en su horario y ritmo. En los próximos capítulos encontraras sugerencias sobre descansos sensoriales que puedan beneficiar a tu hijo, incluyendo instrumentos grandes, así como mas pequeños y que son portables para que los lleven donde vayan.

Cuando Victoria tomaba un descanso de una actividad, yo también me tomaba un descanso para recomponerme. Unos cuantos respiros profundos y una te verde eran suficientes para mi. No obstante, algunas veces no podía regresar a la actividad después del descanso porque Victoria había perdido el interés o por las interrupciones típicas del día a día; ¡y eso esta bien! Tal vez no podía terminar con Victoria lo que me había prometido, pero me aseguraba de tener el objetivo en mente y aprovechar cualquier momento en el futuro que tuviera para aplicarlo.

Para actividades como esta, esta bien regresar donde terminaste después. Si por algún motivo tu o tu hijo no pueden reenfocarse, es mejor retomar la actividad al día siguiente. Recuerda que es importante regresar a la actividad una vez estés seguro que puedes mantener una interacción positiva. Intenta también terminar positivamente aun si es necesario tomar varios descansos. Nuestros niños puede que no recuerden lo que estaban haciendo al instante, pero les queda grabado en su memoria como los hicimos sentir.

El mejor consejo que te puedo dar es que seas consiente que cada día, y cada opción útil que tomemos, nos brindara oportunidades para mejorar nuestras vidas.

Hemos recibido oportunidades únicas para trabajar en nosotros mismos y en el proceso mejorar nuestra relación con nuestros hijos, sin importar nuestras circunstancias. Vive cada día con intención, buscando momentos donde puedas enseñar desde el momento que nuestros pequeños viajeros se levantan hasta que se van a dormir. Tomate un día a la vez y se intencional tomando observaciones sobre el estado anímico de tu hijo; sus intereses, gustos y disgustos, especialmente en su comportamiento durante el día. Toma nota de patronos y reacciones. Lo mas importante es que observes de las tantas maneras que tu hijo se comunica contigo. Día a día aprenderás naturalmente mejores maneras de asistir en su desarrollo.

LISTA Y REFLEXIONA

Lista alguno de los comportamientos que observas de tu hijo	Interpetra como lo pueden estar usando para comunicarse.

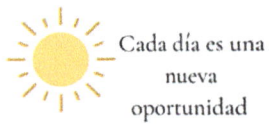 Cada día es una nueva oportunidad

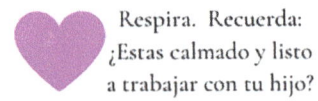 Respira. Recuerda: ¿Estas calmado y listo a trabajar con tu hijo?

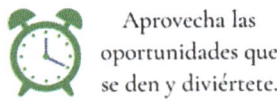 Aprovecha las oportunidades que se den y diviértete.

LA LISTA DEL CAPITÁN

☐ Estoy escuchando activamente, observando y respondiendo adecuadamente?

☐ Estoy dandole a mi hijo tiempo para que se comunique y pueda procesar a su manera?

☐ A travez de mis observaciones, estoy descubriendo nuevas maneras de asistir las necesidades de mi hijo?

EL AMBIENTE EN CASA

¡Nuestro hogar! Nuestro hogar esta lleno de muchas cosas; juguetes, comida, bocadillos, muebles, televisores, las cosas personales de cada uno, mucha bulla, sonrisas…y mas juguetes. El autismo tiene su lado bello como lo es el de disfrutar y apreciar las cosas simples de la vida. A la misma vez, las cosas simples pueden causar algo de frustración, especialmente cuando las tareas del día a día se hacen mas difíciles y complicadas para nuestros viajeros. A su vez, puede interrumpir con nuestro hogar y nuestras relaciones de familia.

Tu hogar debe de mantener un ambiente feliz y seguro donde tu hijo pueda prosperar. Debemos de cambiar la manera en que pensamos en todo. A decir verdad, es así de fácil. ¡Recuerda que cada día es una oportunidad para aprender! Es perfectamente entendible si uno de nuestros pequeños esta teniendo un día, una semana o un mes difícil. Nosotros tenemos unas expectativas sobre como las cosas se tienen que hacer y como tienen que suceder. Pero, ¿por que? Nuestros hijos están en su propio horario y en su propio viaje, en el cual los acompañamos. Debemos estar abiertos al cambio y al ser flexibles. Veremos como nuestros hijos florecen brillantemente una vez cambiemos ciertas actitudes hacia ciertos comportamientos.

Creando Tus Espacios

Aceptamos la individualidad de Victoria y la dejamos ser ella misma en casa. Vimos entonces como Victoria empezó a reunirse con nosotros y a su vez vimos como la ansiedad dentro de si empezó a desvanecerse. Para nosotros significo transformar gradualmente el ambiente en nuestro hogar para incorporar espacios sensoriales los cuales le ayudaran en sus necesidades. Le ayudamos empezar a trabajar en su independencia haciéndole tener mejor uso de los espacios, diseñando una mejor distribución de juguetes y muebles, así como dándole limites que la ayudaran a entender sobre reglas y seguridad. Aunque no fue un cambio inmediato, los pequeños ajustes que hicimos pensando en Victoria, nos ayudaron con su aprendizaje, su personalidad, su salud y su bienestar emocional.

A medida que empezamos a entender mas a fondo a nuestra hija, nos dimos cuenta que necesitaba saltar frecuentemente, buscaba sentir presión corporal, apretar diferentes artículos durante el día y algunas veces esconderse en lugares silenciosos. Entre otras idiosincrasias, ella también necesitaba ayuda en aprender importantes funciones del diario vivir. Fue evidente entonces que no podríamos ayudarla con métodos tradicionales. La ayudamos dejando que nos viera en nuestra rutina diaria o dándole instrucciones como muchos padres lo hacen en sus hogares. Sin embargo, ella empezó a florecer en diferentes áreas una vez cambiamos ciertos espacios en nuestro hogar moviendo muebles, adicionando acomodaciones simples y comunicándole conceptos de una manera mas tangible. De esta forma ella expandió su lenguaje, fue mas flexible y estaba mas motivada a intentar nuevas cosas a medida que la dejamos ser ella misma mientras que al mismo tiempo entrabamos a su nivel.

¡Tu también puedes hacer ciertos arreglos en tu hogar para que tu hijo pueda ser él mismo y pueda prosperar! Claro que tomara algo de tiempo. No obstante, si empiezas a enfocarte en los objetivos que deseas que tu hijo logre y te tomas el tiempo de interactuar con él hacia lograr los mismo, te llegaran un sin numero de ideas para el beneficio de su desarrollo. En esta sección compartiré contigo lo que ha funcionado con nuestra Victoria en referencia a las cosas que hemos cambiado en nuestro hogar para acomodarla y ayudarla en su desarrollo. Nosotros algunas veces cambiamos algunas cosas dependiendo de su preferencia o dependiendo de lo que estamos tratando de enseñarle, así que nada es fijo. Mi idea aquí es mostrarte algunos ejemplos e inspirarte para que hagas los cambios en el ambiente de tu hogar para que así puedas ayudar a tu hijo.

Como una referencia breve, es importante que tengas recursos disponibles en caso de que necesites hacer una inversión adicional para el desarrollo de tu hijo. Por ejemplo, Victoria recibió una beca que me permite comprar diferentes artículos, instrumentos y servicios individuales. En los Estados Unidos, cada estado tiene su propio sistema para familias con niños con necesidades especiales. En el estado de la Florida, es The Family Empowerment Scholarship. Puedes encontrar mas información visitando www.stepupforstudents.org. Para ponerte en contacto con el departamento a cargo de los programas en la mayoría de los estados, puedes visitar el sitio de internet de tu junta escolar local o puedes hacer una búsqueda general en internet.

CREANDO ESPACIOS SIMPLES

Espacio Silencioso

Designamos un espacio silencioso para que Victoria lo use cuando necesite calmarse, cuando se vea ansiosa o cuando simplemente necesite un momento en silencio. Se convirtió en el lugar donde practicamos respiración profunda. Le mostré cara a cara, paso a paso como tomar respiros profundos e imitarme al hacerlo. En el principio solo me miraba mientras yo lo hacía, pero después de un par de meses, empezó a copiar lo que le estaba mostrando. La clave fue ser consistente llevándola al espacio hasta que entendiera que era simplemente un lugar seguro para que ella se pudiera descomprimir o para que disfrutara un momento en silencio.

En este momento Victoria sigue yendo a su espacio en nuestra casa. No obstante, hemos empezado a enseñarle que cuando no hay un "espacio silencioso", ella aun se puede ayudar cerrando sus ojos y practicando su respiración profunda. Fue crucial mostrarle que estos métodos se podían usar en cualquier lugar. Sin embargo, antes de que Victoria aprendiera a calmarse en cualquier lugar o en cualquier otra situación fuera de casa, ella necesitaba aprenderlo en un lugar familiar, cómodo y silencioso.

Todo empezó mostrándole un lugar para recuperarse emocionalmente y también darle tiempo para que pudiera entender como calmarse. Además de ganar mayor autoconciencia de sus propias necesidades, y darse descansos para reenfocarse y relajarse, el beneficio adicional para Victoria fue de continuar desarrollando esta gran habilidad.

El Ambiente En Casa

Espacio Silencioso

Si necesitas planear un lugar para "enfriar y relajar" a tu hijo, sigue estos consejos y siéntete libre en modificarlos a tu gusto para que tu hijo reciba el mayor beneficio.

- Asigna un área especifica en tu hogar que sea fácilmente accesible, silenciosa y que no tenga distracciones
- Una gran herramienta son artículos sensoriales con su respectivo cajón. Puedes etiquetar un cajón como "Relajación" y tal vez una foto que represente aquello para tu hijo. Llena el cajón con herramientas y aparatos sensoriales.
    - Los aparatos sensoriales pueden incluir: juguetes blandos, cepillos para el cuerpo, juguetes anti estrés, bandas elásticas, etc.
    - Las herramientas sensoriales pueden incluir: una sabana con pesas, gafas de sol, bloqueadores de sonido (cubre oídos), etc.
- Lo visual ayuda a incrementar la comunicación y comprensión. Esto se puede conseguir por medio de cuentos cortos, tarjetas individuales o tableros.
    - Un cuento corto sobre como calmarse (tu terapista de lenguaje te puede ayudar)
    - Un tablero que muestre los pasos para calmarse
    - Fotos individuales que muestren los pasos para calmarse
- Sé el modelo para tu hijo mostrándole que hacer. Haz contacto visual con ellos a su nivel y muéstrales la estrategia que prefieras tal como respiración o contando regresivamente. Haz que te imiten hasta que lo puedan hacer por ellos mismos.
    - No lo compliques. No hables con tu hijo sobre lo que causo su enfado o frustración hasta que se calmen y estén listos para comunicarse contigo.
    - La idea es que tu hijo pueda transferir esta habilidad bajo cualquier circunstancia y así lograr que tu hijo se autorregule en cualquier lugar.

EL CUARTO DE JUEGO Y ACTIVIDADES SENSORIALES

Aquí te doy algunos concejos que te pueden ayudar a arreglar un espacio como este en tu hogar. Estas sugerencias son solo una guía para que los ajustes de acuerdo a las necesidades de tu hijo.

Como puedes ver en la foto, es importante que el espacio tenga usos múltiples. Esta dividido en tres secciones principales; un rincón para leer, un rincón sensorial y para jugar y un lugar para el arte.

El Ambiente En Casa

Rincón Para Leer

- Organiza sus libros en una canasta y déjala en el piso o en un estante a su altura para que puedan tener fácil acceso a ellos.

- Para que tus mas pequeños viajeros no dañen aquellos libros que quieres conservar, ten para ellos libros con paginas gruesas.

- Rota sus libros; diferentes temas los mantiene interesados en la lectura y lo hace divertido.

- Aquí es el lugar donde practicamos como cuidar los libros de la biblioteca colocándolos en una canasta designada para ellos.

Rincón Sensorial Y Para Jugar

- Armario con espacio para cajones: ideal con cajones, fácil de organizar y rápida localización de artículos.

- Implementa algo sencillo con tres o cuatro cajones o secciones en tu armario que facilite la clasificación y limpieza de juguetes por ellos mismos.

- Ten juguetes y actividades que le interesen a tu hijo

  - Recuerda practicar el juego de aparentar y no te sientas obligado a tener aquellos artículos los cuales no son significativos para tu hijo.

  - Provee una canasta o un cajón para aquellos artículos favoritos que no se pueden clasificar bajo una categoría, para que tu hijo aprenda a clasificarlos por si mismo y los pueda acceder fácilmente.

  - Ten un plan para que practiques diariamente con tu hijo sobre como tomar turnos

Rincón Para El Arte

- Un caballete con piernas o para escritorio puede ayudar a tu hijo a enfocarse mas fácil en sus creaciones.

- Ten un cajón sensorial el cual puedas llenar con arena cinética y otro material sensorial (mas ejemplos sensoriales en la pagina 62)

- Una silla mecedora puede ser para leer, escribir, para relajarse, así como para aporte vestibular el cual ayuda con el balance

Otros Artículos

- Losas de gel so perfectas para pretender jugar como si fuera lava o agua, así como para estimulación visual. A los niños les fascina apretar, saltar y caminar sobre ellos.

- Considera instalar una hamaca, ya que ayuda con el balance corporal.

- El televisor puede ser importante para otros propósitos educacionales, para escuchar música o para ver películas.

Espacios Sensoriales Y Para Jugar

Espacios sensoriales y/o lugares para jugar son esenciales para un desarrollo saludable, ya que es muy conocido que los niños aprenden a través del juego. Este espacio puede darte varias oportunidades para ayudar a tu hijo a desarrollarse y proveerles el aporte sensorial que puedan necesitar a través del JUEGO. Esto incluye una variedad de actividades tales como construir con bloques (Lego) u otros artículos, como jugar con carros, empujar juguetes en el coche y cualquier otro juguete que atraiga a tu hijo y te permita jugar tomando turnos. Date cuenta como lo sensorial es mas que solo luces y música. Tu hijo también recibe aporte sensorial cuando construye, empuja y hala. Solo depende de ti y de tu creatividad con base en las necesidades individuales de tu hijo.

Algunas familias prefieren tener menos artículos en el espacio para no agobiar al niño, ya que darles demasiados juguetes crea dificultad para que ellos puedan escoger. Tal vez demasiados artículos causen explosiones emocionales tales como sobreexcitarse al punto que no pueden enfocarse en una actividad por mas de un minuto. Lo opuesto puede ocurrir al estar subestimados, ya que no quieren jugar con nada. Aquí es cuando el dicho *"Menos Es Mas"* aplica. Otras familias quizá puedan crear un ambiente con mayor variedad de juguetes y actividades. De cualquier manera, ¡lo importante aquí es recordar que tu hijo aprende a través del juego! Esto le proveerá muchos beneficios en lo emocional, en lo académico, así como en su desarrollo social. Su enfoque, aporte sensorial y físico también se incrementarán. Finalmente habrá una mejora en su motriz fina y por supuesto se divertirá haciéndolo.

Etiquetar los cajones con fotos o palabras ayudaran a organizarte a ti y a tu hijo. Tu hijo encontrará y devolverá fácilmente sus juguetes con etiquetas simples como bloques, carros, animales y figurines. La tarea de "categorizar" ayuda a reforzar funciones ejecutivas, fortalece el enfoque, y sirve como un preámbulo para la lectura. Los mas importante es enseñarles a nuestros pequeños una habilidad que la puedan usar en su diario vivir. Te darás cuenta al usar el método de organizar los juguetes, que la rotación es crucial en minimizar el aburrimiento u obsesión con ciertos juguetes. También le ayuda a tu hijo a no ser tan rígido. Algunas veces Victoria se obsesiona con juguetes como dinosaurios o pequeños figurines. Para evitar su ansiedad u obsesión con uno de los artículos, yo lo remuevo del espacio por un par de semanas y lo reintroduzco en otro momento. La "rigidez" es una característica que todos tenemos en común como familias con un niño en el espectro (ASD). Es su forma de ejercer control con lo que ellos están ya familiarizados. No hay nada realmente malo con ello a menos que afecte su flexibilidad y adaptación a nuevas situaciones. Nuestro objetivo es ayudarlos a tener experiencias positivas y enseñarles cuando crear ajustes a medida que lo necesiten; empezando por asistirlos con estos pequeños desafíos en casa. Por ejemplo, a mi me gusta rotarles los juguetes dependiendo de las actividades que hemos planeado o de aquellas habilidades en las cuales queremos trabajar. Cuando quiero que Victoria trabaje en su habilidad de compartir (con sus primos y hermanas), coloco un set de te de juguete en su rotación esa semana en vez de los dinosaurios. De esta forma le elimino su tendencia a obsesionarse sobre ese juguete favorito y le doy la oportunidad de aprender a compartir y a explorar. No es tan fácil como parece ya que varias veces me toca ayudarla cuando es su turno de compartir o es tu turno de esperar.

Puedes pensar mas creativamente de como ayudarle a tu hijo a conquistar sus desafíos y con tu ayuda, también prosperara.

Finalmente, considera tener para tu hijo juguetes en su área de juego que tengan un propósito especifico. No elimines aquellos artículos únicos los cuales nuestros viajeros puede que jueguen con ellos. Por ejemplo, pitillos, cabuya, papel para desgarrar (una de las actividades favoritas de Victoria), y otros artículos los cuales puede que no sean considerados como juguetes. Recuerda que aquellos artículos son fascinantes y de gran interés para algunos niños. Puede que estén explorando o simplemente les brinda confort. Sin embargo, es una gran oportunidad para nosotros aceptar su individualidad y ponernos aquellos lentes con tinte azul para ver desde su perspectiva.

La Perspectiva Sobre El Juego De Aparentar

El juego de aparentar es otra manera divertida para compartir con nuestros hijos. ¡Aunque puede ser intimidante para muchos padres, es realmente una forma muy natural de juego! Los niños usualmente juegan a imitar muchas de las cosas que ven a sus padres hacer o lo que ven en la televisión. Por ende, muchos de los juguetes de apariencia son versiones de las herramientas o trajes usados en la vida real. Muchos creen que jugando a "aparentar" es importante para desarrollar la imaginación y creatividad. Sin embargo, no es una actividad para todos los niños y muchos niños puede que no prefieran hacerlo. Si a tu pequeño no le gusta jugar de esta manera, pero de todas formas tu quieres exponerlo, puedes tomar uno de sus juguetes favoritos y mostrarles como aparentar a jugar  con dicho juguete. Digamos que a tu hijo le gusta jugar con bloques.

Siéntate con ellos a construir una simple torre y enséñale a pretender que por ejemplo una gran tormenta la tumbo. Si este ejemplo es demasiado básico, intenta entonces construyendo cosas que se den fácilmente para aparentar como lo son los carros, una nave espacial o aun mejor una ciudad para mejorar su imaginación. Muéstrales como jugar y después felicítalos por intentarlo. Otro ejemplo puede ser el pretender preparar una comida con juguetes. Puedes cocinar una sopa en una olla, pretender cortar fruta o hacer un emparedado y tener un picnic.

Trata de estar al nivel de tu hijo como mejor puedas. Si este tipo de juego de apariencia no es apropiado para ellos, entonces selecciona actividades que se extienden mas allá del juego de apariencia hacia esas habilidades reales del diario vivir. Deja que jueguen con herramientas reales. Por ejemplo, deja que golpeen las ollas en el piso mientras cocinas la cena. A lo mejor tu viajero es un estudiante mas practico y visual el cual prefiere hacer un emparedado de verdad o tomar jugo con galletas en una fiesta de te contigo. Tal vez mientras estas lavando los platos, inclúyelo dándole una esponja y una toalla, y muéstrale como puede limpiar sus propios platos y cubiertos hasta que lo pueda hacer por si mismo noche tras noche. Algunos niños prefieren organizar los cubiertos en la gaveta en vez de jugar pretendiendo a cortar vegetales. Lo que quiero que se entienda aquí es que, si el juego de pretender no significa mucho para tu hijo, especialmente en sus años preescolares (cuando todos los expertos sugieren su importancia), es perfectamente natural permitirles usar herramientas reales, siempre y cuando sea seguro. Es bueno realizar actividades de la vida real con tu hijo para que vea la relación y en el proceso, brindarle habilidades muy útiles.

La Perspectiva Sobre Compartir Los Juguetes

Debemos tener en cuenta las habilidades individuales de nuestros viajeros al momento de pensar en como crear oportunidades para que compartan y jueguen tomando turnos con otros. Para empezar con pie derecho e incrementar el chance de tener mas éxito con el tema de compartir, debemos dejar que ellos escojan con lo que quieren jugar, si se les hace difícil el compartir. No los obligues de ninguna manera para que jueguen con otro niño o con un adulto con el que tu hijo no se sienta cómodo, ya que le puedes enviar a tu hijo mensajes mixtos. Como padres podemos percibir con quien nuestro hijo se siente atraído, así como con quien nuestro hijo no se siente atraído. Así que es importante respetar y validar sus sentimientos y preferencias. Tampoco obligues a tu  hijo a compartir su mas precioso juguete u objeto, ya que lo único que esto hará es disgustarlo y echará a perder cualquier experiencia significativa que hayas logrado. Empieza con cosas neutrales las cuales es fácil para ellos desprenderse.

Cuando yo empecé enseñarle a Victoria a compartir, tenia un cajón con peloticas de textura de diferentes tamaños. Este juguete era neutral para Victoria, lo que le hacia fácil jugar conmigo tirando las peloticas entre nosotras. Lo que verdaderamente atrajo a mis hijas fueron los carritos HotWheels. Al jugar, construimos una pista de carreras usando cinta de pintor para demarcar las líneas donde empezaba y donde terminaba la pista, así como un área designada para que los carros "parquearan a esperar". Esto le dio a Victoria una señal visual clara de donde empezaba, donde terminaba y donde se "esperaba" para tomar turnos en la pista.

Algunas veces Victoria solo aguantaba un turno en la pista y a mi me parecía espectacular. En otras ocasiones Victoria y sus hermanas jugaban por horas tomando turnos. Realmente creo que el esperar para tomar turnos en la pista con los carros ha ayudado inmensamente a Victoria aprender a esperar y tomar turnos fuera del juego. La clave es encontrar ese juguete o actividad que mejor se ajuste a tu viajero y practicarla frecuentemente.

El Rincón De La Lectura

Tus hijos estarán automáticamente atraídos hacia el rincón de lectura siempre y cuando tengas libros que les interese, lo que incrementara su deseo por leer. También te dará oportunidades de compartir con tu hijo al disfrutar de los cuentos. Este es el lugar donde compartimos valioso tiempo y la forma mas fácil para mi de proveerle a mis hijas habilidades esénciales. De acuerdo con Marie Rippel de All About Reading Press (el programa que uso con Victoria), leerles a tus hijos de cualquier edad en voz alta, puede crear un vinculo único, además ayuda a incrementar el tiempo de atención, asiste en el desarrollo del lenguaje y la imaginación y ayuda al desarrollo de la comprensión. ¡Me fascina el no tener que pensar en como debo enseñarles estas habilidades a mis hijas!

Empieza con pasos pequeños si tienes dificultad para que tu hijo se siente contigo a disfrutar de un libro. Empieza por encontrar un libro que le atraiga y siéntalo en tu pierna. Solamente léele cada día las partes favoritas, si no se puede sentar contigo durante todo el cuento. La clave es que lo hagas diariamente porque lentamente tu hijo se sentara por mas tiempo. Su enfoque se incrementará gradualmente a medida que le leas y eventualmente podrás introducirle libros nuevos y cuentos mas largos.

¡No te des por vencido! Recuerda que la lectura en voz alta es una de las mejores actividades que podrás hacer con tu viajero.

El Espacio Para El Arte

¡Tiempo para el arte! En nuestro hogar es una las actividades favoritas. El arte es esencial para la autoexpresión de nuestros niños, así como un gran aporte sensorial y de percepción. En nuestro hogar tenemos un caballete de pintura para darle rienda suelta a la creatividad de nuestras hijas. Tienen la opción de usar acuarelas, crayolas, marcadores o temperas. Algunos niños en el espectro pueda que no sepan que hacer, aparte de mezclar colores hasta dejarlos turbios. Victoria empezó de esta forma, y esta bien. Ella metía la brocha en todas las pinturas y coloreaba solo en un punto hasta que el papel se rompía. Yo simplemente quitaba ese papel, y le colocaba uno nuevo. Victoria eventualmente empezó a dibujar y a pintar figuras, lo que progreso a unas creaciones muy únicas.

Creo que es importante mencionar que algunos padres no les gusta el desorden, menos aun dejar que se use pintura en sus hogares. Quiero recordarles que estamos cambiando nuestra perspectiva y actitudes hacia nuestras creencias del como mejor ayudar a nuestros hijos vivir su vida como una persona en el espectro. Así como les estamos ayudando a ajustarse, así también debemos hacerlo con nuestras acciones y comportamiento. Debemos sobrepasar nuestra incomodidad y seguir adelante para así poder crear un ambiente acogedor y positivo para nuestros hijos, en el que puedan ser ellos mismos y puedan explorar usando todos sus sentidos. Quizás sea mejor que el arte lo hagan en la cocina, en el patio o en el garaje donde es mas fácil de limpiar si te aterra el desorden y necesitas ajustarte para ello.

También te puede servir el limitar la cantidad de materiales que se puedan usar a la vez. Otra alternativa es bajar una aplicación de pintura para niños en tu tableta. Esto es algo que hemos hecho en alguna ocasión y ha sido de mucho beneficio. Para ello tenemos un lápiz aguja (iPen) para que Victoria practique como sujetarlo mientras dibuja o colorea.

Algunos suministros para que quizás tengas en casa disponible son pinturas con base de agua, brochas para pintar, papel para pintar y papel para colorear, crayolas, marcadores, tijeras y goma para pegar.

A continuación, algunas variaciones que puedes usar si piensas que este tipo de arte libre no le esta beneficiando a tu hijo y quieres mostrarle una manera mas estructurada de crear un arte mas significativo. Por ejemplo, arte que es inspirado en el libro favorito de tu hijo. Es una manera fácil y divertida de juntar el arte y la lectura. Puedes escoger un personaje o animal favorito del cuento para que puedas dibujar el rotulo (esqueleto), imprimirlo, o puedes dejar que lo dibujen. Si tu hijo apenas esta empezando, lo mas seguro es que dibuje líneas y diagonales o figuras simples como triángulos, cuadrados y círculos como parte de sus objetivos de terapia ocupacional (OT). Si este es tu caso, hazle dibujar los tallos de una flor (líneas simples) y pégalo sobre cortes de flores o figuras para crear flores. Tu conoces mejor que nadie a tu pequeño, así que hazlo simple. Hazlo divertido y haz acomodaciones a medida que ambos van a aprendiendo.

LA COCINA

Si necesitas planear un lugar en la cocina para tu hijo, sigue estos consejos y siéntete libre en modificarlos a tu gusto para que reciba el mayor beneficio.

- Escoge un gabinete que tus pequeños puedan abrir y cerrar con facilidad para guardar sus platos y vasos.
- Considera en designar un lugar el cual tu hijo pueda acceder por si mismo.
- Se practico en los artículos y actividades que mejor le sirven a tu hijo de acuerdo a su interés para que lo haga por si mismo.

Es bien fácil crear un ambiente acogedor alrededor tuyo si a tu viajero no le atrae mucho el ayudarte, pero le gusta estar a tu lado cuando estas en la cocina. Nuestras hijas tienen un gabinete el cual esta lleno de rompecabezas, juegos de mesa, papel y crayolas. Mientras estas trabajando en la cocina dale un lugar diferente donde le permitas jugar a tu hijo con cosas de la cocina o le puedes dar otras cosas para que tu hijo se ocupe. El tenerles un espacio pequeño es fantástico para que ellos trabajen en sus habilidades independientes tales como tomar y devolver sus propios platos. Obviamente es buena idea darles platos pequeños que puedan maniobrar. No cabe agregar que cuando estemos en la cocina, estemos seguros que los artículos y actividades en su gabinete especial son cosas que les interese y que puedan hacer sin tu ayuda para que no te interrumpan mientras te enfocas en cocinar o si estas lavando los platos.

En el piso de nuestra cocina hemos sido un poco mas creativos designando una sección no muy cerca de la estufa con

El Ambiente En Casa

cinta de pintor. Le hemos enseñado a nuestras hijas que la cinta roja es el perímetro que las protege de cualquier peligro y a ellas les gusta pretender que es lava y así no se acercan a la estufa. Esto es especialmente divertido para Victoria y le ayuda con su imaginación. Es fascinante ver como una simple cinta sirve para dejar claro limites y reglas.

LA SALA

Si necesitas planear un lugar en la sala para tu hijo, sigue estos consejos y siéntete libre en modificarlos a tu gusto para que reciba el mayor beneficio.

- Piensa sobre lo que hace a tu familia única y lo que le da comodidad a tu hijo.
- Mantén una mente abierta para que permitas que tu hijo utilice ciertos equipos si lo necesita (sillas grandes de algodón (bean bag), "body sock", sabanas con pesas, etc).
- Considera en tener una canasta con actividades para toda la familia (libros, juegos, etc).

La sala es este lugar acogedor y practico donde la familia se reúne cada noche. En nuestra sala tenemos dos sillas grandes de algodón (bean bag) en vez de una mesa para que las niñas salten o se acuesten sobre ellas. Les quita la tentación de saltar sobre el sofá y también les da un lugar donde pueden ser ellas mismas mientras vemos una película, leemos en alta voz o simplemente tenemos gratas conversaciones. Muchas veces Victoria también viene y nos pide un abrazo o le da por gatear debajo de unas de estas sillas, encontrando lo que de esta forma esta buscando; ¡presión corporal!

Esto la calma y la ayuda a enfocarse para regresar a la lección de turno o si estaba jugando. Conozco familias que tienen un pequeño trampolín en sus espacios mientras otras guardan los juguetes en sus cuartos de juego. Otra gran idea para este espacio es tener una canasta con libros. En mi opinión, nunca debe de faltar libros en una casa. Cuando siento que mis hijas necesitan un descanso de una a la otra, o solo para cambiar la rutina, entramos en tiempo de silencio en la sala para que cada una escoja un libro y lugar para sentarse. Esta es una gran oportunidad para que te sientes con tu hijo a leer. Este lugar debe ser divertido y acogedor de acuerdo a las preferencias tuyas y las de tu hijo.

Tu eres el que mejor conoces a tu familia. Busca los lugares mas usados en tu hogar y haz una lista con todas las cosas que puedes agregar o quitar para acomodar esa área, haciéndola mas acogedora y practica para ti y tu hijo.

¿Cuáles Son Los Lugares Mas Usados En Casa?

Piensa sobre donde tu hijo pasa la mayoría de su tiempo y que quieres que esos espacios sean para él.

¿Puedes Hacer Que El Espacio Sea Mas Funcional Con Algunos Ajustes?

¿Que objetos puedo agregar o eliminar (muebles, juguetes, etc.) para que el espacio fluya mas fácil? ¿Pueden estos objetos clasificarse en diferentes canastas para que le sea fácil a mi hijo encontrarlos, usarlos y regresarlos a su sitio?

¿Como Usaras Los Espacios?

¿Sera este espacio usado para momentos de enseñanza? O, ¿mi principal intención es la seguridad de mi hijo ocupándolo mientras hago otras cosas?

¿Cuales Serian Algunos Ajustes?

_____
_____
_____
_____

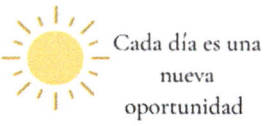 Cada día es una nueva oportunidad

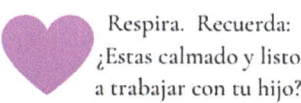 Respira. Recuerda: ¿Estas calmado y listo a trabajar con tu hijo?

 Aprovecha las oportunidades que se den y diviértete.

LA LISTA DEL CAPITÁN

marca cada caja después de acomodar cada habitación

 La Sala / Salon Familiar

 La Sala de Juego

 La Cocina

Navegando el Autismo Desde el Corazon

- Acércate a su nivel: asegúrate de reflexionar y ajustar tus expectativas para las necesidades de tu viajero. Ten paciencia; espera a que te muestren interés y sigue su dirección. Considera como hacer mejores conexiones usando visuales o canciones o si necesitan tocar y sentir, etc.
- Intenta otras maneras para que esta experiencia sea significativa para tu viajero. Victoria aprende por los visuales. Hacer un cuento de acuerdo a una actividad puede servir. Puedes usar videos, libros o visuales. Hablamos de lo importante que son las actividades y los pasos para completar la actividad. Uso otros visuales como relojes y claves verbales que la ayudan a guiarla paso a paso. Usar una tira describiendo la actividad paso a paso también es beneficioso. Yo motivo a Victoria y uso cosas que le interesen, presentándoselas como un juego.
- Ten un plan para hacer esta conexión y síguelo. Una vez hayas pensado como vas a enseñarle la habilidad, haz una rutina o crea un horario para que te ayude a ser consistente.

Ahora qué hemos creado espacios simples para nuestro viajeros, acompáñame en este viaje y dame la oportunidad de mostrarte como ayudo a mis viajeras a navegar estos espacios de una manera practica para poder tener estas conexiones simples.

¿Conoces todos mis sentidos?

En realidad tengo 7!

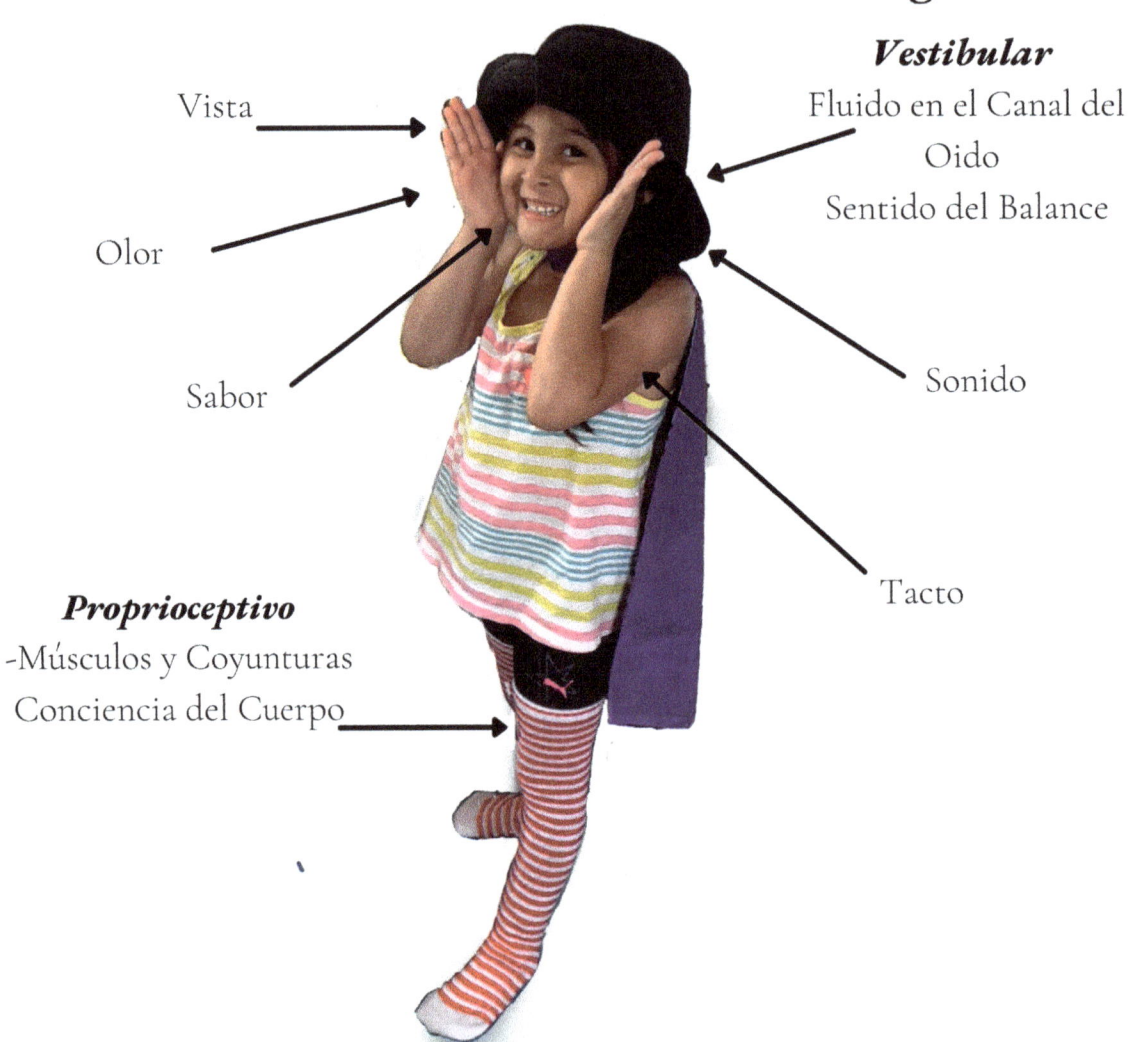

- Vista
- Olor
- Sabor

Vestibular
Fluido en el Canal del Oído
Sentido del Balance

- Sonido
- Tacto

Proprioceptivo
-Músculos y Coyunturas
Conciencia del Cuerpo

Las Dietas Sensoriales son muy importantes para mi
-Me ayuda a auto-regularme
-Mostrar mi lado chistoso
-Enfocarme cuando necesito prestar atención
-Me ayuda a procesar el mundo alrededor

NUESTROS VIAJEROS: EL ESPACIO SENSORIAL

Si hay algo que Victoria nos ha enseñado es sentir felicidad. Durante la rutina del día a día, necesitamos algunas veces pequeños recuerdos para parar y disfrutar los pequeños momentos. Eso es exactamente lo que el espacio sensorial es para nuestros hijos; tomar un tiempo durante el día para relajarse, estirarse y dejar el estrés que se acumula por el colegio o el trabajo. La dieta sensorial de Victoria es una de las partes favoritas de su día. Cuando recibe el aporte sensorial que necesita, ya sea jugando o a través de tiempo en silencio, ella se puede auto-regular y seguir trabajando en sus actividades y estar presente para las tan deseadas conexiones.

Como se ve en el grafico de arriba, no solamente se trata de los cinco sentidos que usualmente pensamos, también es importante considerar dos mas sentidos internos que son parte clave en el desarrollo de nuestros hijos. El proceso sensorial es mucho mas complejo de lo que pensamos. En el libro "Understanding Your Child's Sensory Signals" escrito por la terapista ocupacional Angie Voss, OTR, la Srta. Voss describe estos dos sentidos internos como los sistemas propioceptivos y vestibulares. El sistema vestibular incluye el balance y el movimiento, tal como balancearse, bailar o rodar sobre una bola que rebota. El sistema propioceptivo incorpora la conciencia corporal; cualquier movimiento de empujar o halar, así como el de usar nuestros músculos y coyunturas. Dichos sentidos son usados al hacer trabajos pesados, como lo son empujar una caja de juguetes o halar una canasta llena de ropa sucia. Estas actividades físicas son la clave en el desarrollo de nuestros hijos porque una vez apuntadas estratégicamente pueden ayudar con el enfoque, el aprendizaje y habilidades para auto-regularse.

Finalmente, la Srta. Voss también describe la importancia que tienen para nuestros hijos los sentidos de tacto, que son todo lo que tocamos con nuestra piel y la boca, así como lo son tocar texturas como plastilina o arena. Algunos niños buscan presión corporal. Esto se puede presentar con un impulso de apretar o la necesidad de que se les apriete fuertemente su cuerpo para que liberen tensión. Uno de los desafíos con Victoria ha sido el aprender a pedir presión corporal. Ella le gusta apretarles los brazos a otras personas o empujar su barbilla en la nuca u hombros. Este comportamiento sensorial puede ser inapropiado e intrusivo, así que ha aprendido a dirigirse primero a un familiar, ya sea a nosotros o a sus abuelos. Segundo, ella tiene que pedir permiso para apretar o empujar su barbilla en el hombro. Nosotros estamos continuamente enseñándole la importancia del espacio personal con un juego de "invasor del espacio" ("¡no seas invasor del espacio, mantén tus brazos a distancia del que esta cerca!"), así ella sabe no dirigirse a otros niños en el parque o a un vecino con esta intención. Hemos sido rígidos en recordarle que solamente se les pide permiso a familiares a la misma vez enfatizando de nunca pedirle esto a nuestros amigos, conocidos, terapistas o gente extraña. Es crucial en tener apoyo familiar y enseñar seguridad a nuestros niños al momento de afrontar estas idiosincrasias que nuestros niños puedan tener.

Tu puedes ser espontaneo o planear oportunidades sensoriales; tu pequeñín te dejara saber por medio de su comportamiento cuando es necesario un espacio sensorial. Me encanta aprender como padre de familia como nuestro sistema sensorial tiene tal gran impacto en como aprendemos y crecemos. Nuestros hijos serán estudiantes de la vida; debemos nutrir este deseo interno en ellos a través de actividades sensoriales divertidas que les ayude a estar enfocados y en calma.

Espacio Sensorial

Actividad Sensorial	¿Cuándo se hace?	Propósito
Nadar		
Salir a caminar/correr		
Saltar		
Ir al parque		
Canasta sensorial: agua/arena/arroz		
Plastilina / Play-dough		
Tiempo en silencio		
Cepillado seco		
Masajes/compresión		

Crea aquí tu lista sensorial

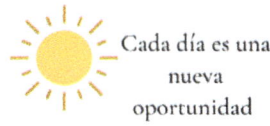 Cada día es una nueva oportunidad

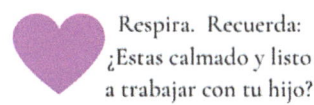 Respira. Recuerda: ¿Estas calmado y listo a trabajar con tu hijo?

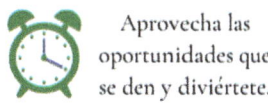 Aprovecha las oportunidades que se den y diviértete.

Las Conexiones Simples

El espacio sensorial no necesita ser complicado. Puede ser bien fácil incluyendo nadando en una piscina o mojarse en la tina, salir a caminar, saltar, rodar y mucho mas. También puede ser organizado por la terapista ocupacional de tu hijo y por ti. Algunos viajeros pueden necesitar mas aporte sensorial que otros.

Algunas ideas a continuación:

- Juego en el agua: El agua es un medio sensorial fácil y divertido de usar con niños y es una de las actividades favoritas de Victoria. Puede ser algo tan simple como un baño con espumas en la tina y usando un pequeño contenedor de diferentes tamaños jugar a recoger diferentes objetos. Una piscina para niños o un contenedor lleno de bolitas con agua o cualquier otra textura interesante en el agua son relajantes para muchos niños; también nadar en una piscina es una gran manera de atraer oportunidades sensoriales.

- Cinta para pintar: Crea un camino de obstáculos con cinta para pintar. Añade caminar como animal ya sea como un cangrejo, como un oso o a "saltar" como un conejo. Otra idea divertida es usar la cinta para pintar para crear calles para que puedan manejar sus carros en ellas. Cualquiera de estas actividades le dará un buen aporte sensorial a sus músculos y coyunturas.

- Esquina en silencio: Puede ser una carpa, o almohadas en una esquina de la habitación; mientras al mismo tiempo añadiendo algunos aceites esenciales y música suave para ayudar a crear un ambiente con calma. Hablaremos mas de este tema en los siguientes capítulos.

- Masajes y compresión: Algunas veces los apretones solo les ayudan a calmar sus cuerpos. Le estamos enseñando a Victoria a pedir presión y abrazos en vez de montarse encima de un familiar para apretarlos sin su permiso. Los masajes también son beneficiosos; usamos loción sin aroma y le sobamos su espalda, brazos, dedos, piernas y dedos de los pies, lo que tiene un efecto de calma inmediato.

- Cepillado seco: Si tu viajero es sensitivo o aversivo al toque, el cepillado seco puede ser de gran ayuda. Por favor pregúntale a tu terapista ocupacional sobre el Protocolo Willbarger. Ellos pueden determinar si tu niño podría beneficiarse de esta actividad, que simplemente es suavemente cepillar su piel en ciertos puntos con un cepillo corporal especial.

- Canastas sensoriales: ¡Aquí puedes guardar actividades tácticas fantásticas como lo son jugar con arena, crema de afeitar, y cualquier otra que pienses! Puedes ponerle una tapa para fácil almacenamiento y para usarlo después. Puedes darles temas a las canastas sensoriales usando diferentes juguetes u objetos y fácilmente cambiarlos para oportunidades especificas de aprendizaje. Usa como referencia la sección en la pagina 91 para mas ejemplos – El Equipo Sensorial.

NUESTROS VIAJEROS: ACTIVIDADES EN EL HOGAR

Las tareas diarias en nuestro hogar con nuestros viajeros tales como lavar la ropa y la limpieza en el área de juego puede que algunas veces parezcan agobiantes. El cuidado personal para algunos niños tales como cepillarse los dientes y vestirse es un desafío. Tu niño puede acostumbrarse a esas tareas y aprenderlas mas fácil al crearles una rutina diaria. En nuestro caso hemos incluido actividades de limpieza durante el día, lo que les ha ayudado a nuestras hijas a limpiar constantemente y ahora es un habito diario el cual ellas disfrutan hacer.

En caso de que una rutina u horario sea difícil de mantener, es recomendable convertir la tarea en un juego o en algo divertido de hacer para quitarle la apariencia de que es algo obligatorio. Por ejemplo, cuando le pido a Victoria que me ayude a reciclar, hago tres bultos; plásticos/vidrios, cartulina y basura. Le pido que me ayude a clasificarla por medio de un juego de palabras como "¿donde va el envase de leche? ¿En el recipiente azul, en el recipiente amarillo o en la basura?", hasta que toda la basura ha sido clasificada. Al crearles un horario simple o una lista de tareas que se necesitan hacer a diario, puedes alentar a tu hijo a que seleccione la tarea y/o el orden en que quieran completar dicha tarea, permitiéndoles algo de autonomía sobre sus responsabilidades.

A continuación, algunas sugerencias para que añadas a tu rutina diaria o para que conviertas tus tareas en juegos.

Actividades En EL Hogar

Revisa tu actitud	¿Esta mi hijo disfrutando?	¿Necesito ajustar la tarea?
¿Estas calmado y con mente positiva?	Si o No	Si o No

Actividades	Escribe Aquí Las Adaptaciones Posibles
Llevar la ropa sucia hacia la canasta	
Clasificar la ropa cuando se va a lavar	
Organizar en general	
Regar con agua las plantas	
Lavar platos / cargar la lavadora de platos	
Organizar platos / descargar la lavadora de platos	
Reciclar la basura	
Barrer / Trapear	
Aspirar alfombra	

Crea Tu Propria Lista Aqui

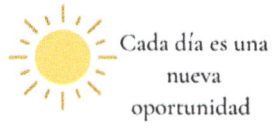
Cada día es una nueva oportunidad

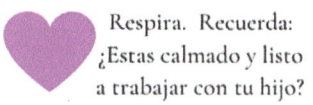
Respira. Recuerda: ¿Estas calmado y listo a trabajar con tu hijo?

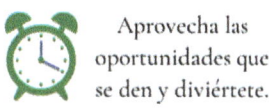
Aprovecha las oportunidades que se den y diviértete.

Los Mejores Maestros Son Nuestros Hijos

Las Conexiones Simples

- Organizando la ropa sucia: Mantén una canasta en la habitación o en el baño, preferiblemente donde tu hijo se vista para minimizar distracciones. Hazlo que ponga su ropa sucia en la canasta cuando se cambie. El tener un lugar designado para organizar alrededor de la casa es lo mejor ya que se puede encontrar ropa colocada en el lugar equivocado. Solo recuérdale a tu hijo, "Esto no va a aquí… ¿Donde será que va?... ¡en la canasta de ropa!"

- Clasificando la ropa: Empieza por separar la ropa en tres bultos diferentes. Por ejemplo, nosotros separamos por colores: ligeros, oscuros y otros. Yo empiezo a clasificar y después le doy un turno a mis hijas a medida que les doy ropa. A mi me gusta explicarles el proceso a medida que trabajamos, especialmente para que Victoria entienda.

- Organización en general: Simplemente tomate unos pocos minutos durante el día para organizar cosas en diferentes lugares en tu hogar. Esto ayudara a tu viajero y a ti a ser organizado. En nuestra casa hemos establecido una regla básica la cual nos permite mantener orden; es simplemente limpiar y organizar después de cada actividad antes de hacer algo diferente.

- Regar Las Plantas Con Agua: Esta es una actividad fácil y divertida para todos los niños. En nuestro hogar tenemos dos plantas; una recibe cubos de hielo una vez a la semana y la otra recibe agua en forma regular. Mis hijas se divierten tomando turnos durante la semana con esta tarea simple. Usa lo que tengas en casa como una vaso; no es necesario tener una regadera.

NUESTROS VIAJEROS: EN LA COCINA

La cocina es el área mas transitada en todo nuestro hogar. Es donde pasamos la mayoría del tiempo creando memorias al cocinar, teniendo pequeñas charlas y horneando cositas deliciosas para disfrutar en familia. Nos da la oportunidad perfecta para practicar lenguaje, hacer mas actividades sensoriales y aprender habilidades importantes.

A continuación, algunas sugerencias para que añadas a tu rutina diaria o para que conviertas tus tareas en juegos.

La Cocina

Revisa tu actitud	¿Esta mi hijo disfrutando?			¿Necesito ajustar la tarea?		
¿Estas calmado y con mente positiva?	Si	o	No	Si	o	No

Actividades	Escribe Aquí Las Adaptaciones Posibles
Secar Platos y Cubiertos	
Organizar Platos y Cubiertos	
Limpiar Las Mesas y Sillas	
Preparar Bocadillos	
Organizar El Mercado (Compra)	
Ayudar a Hornear o Cocinar	
Juega "Soy Espía": Trabaja en identificar artículos de la cocina	
Diviértete Con La Comida	

Crea Tu Propria Lista Aqui

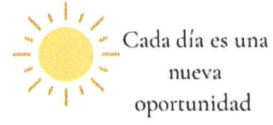 Cada día es una nueva oportunidad

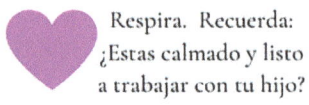 Respira. Recuerda: ¿Estas calmado y listo a trabajar con tu hijo?

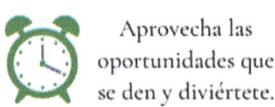 Aprovecha las oportunidades que se den y diviértete.

Las Conexiones Simples

- Secar Platos Y Cubiertos: Nuestra hija de dos años no seca, pero le gusta organizar. Así que Victoria seca sus platos y cubiertos y se los pasa a sus hermanas para que empiecen a clasificar y organizar en su gabinete. Haz un espacio en la cocina para que tus hijos puedan tener fácil acceso. Los pequeños cambios tienen un gran impacto. Veras como tu hijo florece al hacer un simple cambio para incluirlo en el proceso.

- Limpiar Las Mesas Y Sillas: Usa soluciones no toxicas cada vez que tus niños estén ayudándote a limpiar. Nosotros usamos una botella pequeña con vinagre, agua y aceites esenciales. Si tienes varios niños, divide las responsabilidades entre ellos; uno limpia la mesa, y el otro limpia las sillas. Yo también uso toallas por dos razones: la primera es para ser mas amable con el ambiente y la segunda es porque los niños trabajan mejor con una toalla que con papel. Es una gran actividad de motricidad fina y gruesa para mantener sus manitas ocupadas.

- Preparar Bocadillos: Haz que tu pequeño viajero te ayude a organizar el gabinete de los bocadillos o los bocadillos que recibirán durante el día. Por ejemplo, cuando Victoria me pide naranjas, ella ya tiene listo su plato y servilleta. Por el momento estamos trabajando en sus habilidades de independencia como pelar su propia naranja. Yo le doy una naranja un poco pelada para que ella la termine de pelar y así trabajar en esta habilidad. Hazlo simple para tu hijo. Haz que tu hijo practique sirviéndose ellos mismos su bocadillo sacando de un contenedor hacia su propio plato. Puedes marcar el contenedor con un numero para que tu hijo practique identificar números y para que cuente las porciones.

- Ayudar A Hornear O Cocinar: Admito que nosotros rara vez hacemos esto, pero cuando lo hacemos, es a la hora del desayuno o para un postre. Mi viajera le fascina ayudarme a hacer arepas colombianas o a hacer panqueques. Hornear para ella es una actividad muy divertida. Aunque ella no se de cuenta, esta aprendiendo habilidades importantes tales como seguir instrucciones, aritmética, fortalecimiento sus habilidades de independencia y mucho mas. Usualmente pongo todos los ingredientes y utensilios que necesitamos sobre el mesón y repaso las instrucciones con Victoria de una manera simple; primero, después y ultimo. Practicamos el contar los números, rodar y palmar para hacer diferentes formas. Esto es muy bueno para manipulación de sus manos y para lo sensorial. ¡Su parte favorita es la de comerse su creación después de haber trabajado tan duro!

- Organizar El Mercado (Compra): Con esto tienes que ser paciente y solo darles cosas que puedan controlar. Esta también es una gran oportunidad para enseñarles a ser delicados; por ejemplo, déjalos tomar un huevo y si se rompe, haz de ello un gran experimento. Haz que te ayuden a limpiar y pronto veras como aprenderán a ser mas delicados con los huevos y otras cosas que son delicadas. Aparte de esto, hacer que tus niños organicen artículos que les guste es una oportunidad divertida y simple. Por ejemplo, para nosotros, es hacer que organicen sus galletas, arreglar latas u organizar el yogurt en el refrigerador. Organizar la fruta en el tazón de fruta es también una tarea fácil y divertida. ¡Se creativo!

- Juega "Soy Espía": Esto es perfecto para etiquetar e identificar los artículos que son familiares y no familiares. Se convierte en un juego divertido para incorporar el lenguaje. Puedes usar los artículos en tu cocina o imprimir fotos de los artículos o aun mejor, dibujar los artículos si tu viajero es un artista.

- Diviértete Con La Comida: Puedes encontrar algunas ideas creativas y deliciosas que son fácil de preparar en Pinterest o en Google. Esto es para exponer a aquellos paladares difíciles a diferentes comidas en un ambiente relajado y ameno. Busca algo nuevo que quieras intentar con tus hijos. Recuerda que es para exponerlos y divertirse. Así que, si tu hijo no quiere probar ciertas comidas, esta bien siempre y cuando participen en alguna forma y disfruten de la experiencia.

NUESTROS VIAJEROS: EN LA HABITACIÓN

Las rutinas de la mañana son una manera simple de añadir estructura y oportunidades para independencia. La habitación debe ser un área para relajarse, libre de desorden. Para crear dicho espacio y promover la independencia se necesita remover aquellos artículos innecesarios que puedan causar desorden y frustración. Hazlo simple asignando un lugar para los libros, algunos juguetes, su cama, una canasta para la ropa sucia y tal vez una estante. Dejar que nuestros viajeros mantengan su espacio personal organizado les ayudara con esas habilidades de cuidado personal que necesitaran en sus vidas.

Actividades En La Habitación

Revisa tu actitud	¿Esta mi hijo disfrutando?	¿Necesito ajustar la tarea?
¿Estas calmado y con mente positiva?	Si o No	Si o No

La Rutina En La Mañana	Escribe Aquí Las Adaptaciones Posibles
Tienda La Cama	
Cámbiate de ropa (pijamas)	
Organiza La Habitación	
Ve Al Baño (Orinar)	

Crea Tu Propria Lista Aqui

Las Conexiones Simples

- Tiende La Cama: Esto puede que sea difícil dependiendo del tamaño y la edad de tu viajero. Mis niñas todas son menores de seis años, así que yo modifico el proceso ayudándolas a tender sus camas. Les pido que jalen el tendido de su cama de una esquina a la otra y que arreglen su almohada. A medida que van creciendo, añadiré mas pasos al proceso, tales como jalar y doblar las sabanas en la parte de arriba de la cama. Si tu viajero puede hacer mas, provéeles modificaciones solo si es necesario. Estas pueden ser mínimas tales como estar pendientes a medida que tienden su cama o para darles algunas pautas. Hazlo simple al principio y evoluciona de ahí en adelante.

- Cámbiate de ropa (pijamas): Les he enseñado a mis pequeñas que, al cambiarse de sus pijamas, las coloquen debajo de su almohada para que la usen de nuevo. Cuando es hora de seleccionar la ropa del día, les recuerdo de como esta el clima, para que se vistan adecuadamente. Hoy en día Victoria escoge muy bien su propia ropa. No obstante, antes de que aprendiera a vestirse por si misma, yo le preseleccionaba dos prendas para darle el control a ella sobre cual iba a escoger sin que se sintiera agobiada. A medida que gradualmente se acostumbro a escoger, le incremente sus opciones hasta que estuvo lista para que escogiera de su closet. Si tu niño necesita ayuda al vestirse, simplemente coloca la ropa sobre su cama y muéstrales paso a paso como hacerlo; colocando la camiseta sobre la cabeza, después a encontrar los huecos donde va un brazo y después el otro. Algunos niños se empiezan a vestir por instinto, pero si tu niño necesita ayuda, coloca tus manos sobre las suyas para así enseñarle que hacer. A medida que van aprendiendo, te puedes ir removiendo gradualmente del proceso. Hazlo que se siente en el piso o en la cama para mantener el equilibrio, después, hazlo que ingrese una pierna en el pantalón, y después la otra. También es buena idea el señalar y enseñarles donde quedan las etiquetas y como nos puede ayudar a descubrir la forma correcta de ponernos nuestra propia ropa.

- Organiza La Habitación: ¡Nuestras niñas juegan frecuentemente en su habitación! Me da la oportunidad de recordarles la importancia de organizar a diario ya que hemos tenido varios accidentes no graves anteriormente tales como tropezarnos con zapatos. También algunos juguetes se han perdido. La rutina que ellas tiene para organizar es para sus artículos personales, ropa sucia y ropa limpia. La clave es tener un lugar designado para cada articulo que se vaya a organizar. En nuestro caso es una canasta para ropa sucia, una canasta para juguetes, un estante pequeño para libros y cajones para la ropa. Esto elimina confusión y le permite a mis niñas a limpiar y organizar su cuarto cuando esta sucio.

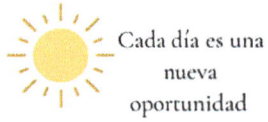 Cada día es una nueva oportunidad

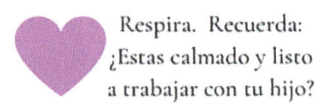 Respira. Recuerda: ¿Estas calmado y listo a trabajar con tu hijo?

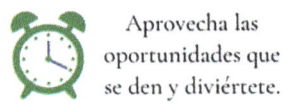 Aprovecha las oportunidades que se den y diviértete.

NUESTROS VIAJEROS: PASEOS EN FAMILIA

Es crucial involucrar a nuestro viajero en actividades comunitarias en cuanto sea posible. Lugares nuevos pueden producir miedo, inducir ansiedad, incomodidad o crear situaciones aburridas para nuestros niños. Para Victoria suele ser muy difícil o agobiante cuando estamos en la calle haciendo vueltas, visitando la biblioteca, explorando un museo o visitando a la familia o con amigos. Muchas veces se origina en su falta de interés e inconformidad en participar en actividades o al estar rodeada de mucha gente. Victoria suele quejarse y llorar, tener un ataque de ansiedad, pedirnos irnos o la necesidad de uno de sus instrumentos sensoriales como sus audífonos u otros instrumentos para lidiar con el momento. Puede sonar excesivo y la ruta mas fácil seria quedarse en casa. No obstante, esto es específicamente lo que le impide a Victoria y a otros niños en el espectro integrarse exitosamente en la comunidad. Podemos reducir la ansiedad en nuestros niños y alentar mas fácilmente por medio de experiencias positivas y con ciertas acomodaciones mientras se visitan lugares desconocidos.

Al planear paseos asegúrate de traer una "mochila de sobrevivencia" para tu viajero. Esta será única para cada pequeño y puede incluir cosas de confort como su juguete favorito, audífonos para minimizar la bulla, una sabana/cobija para relajar, bocadillos, líquidos y cualquier otra cosa que le ayudará a calmarlo.

Piensa de una manera diferente ya que solo tu conoces a tu pequeño. La planeación adelantada es clave para hacer de esta una experiencia placentera y darte tranquilidad a la misma vez.

No obstante, ¡no es garantizado! Una vez en un viaje al supermercado, lo que pareciera un evento regular y normal termino de otra manera. Nuestro supermercado no tenia la harina para la pizza que usualmente le compramos a Victoria. Una vez llegamos al área donde usualmente la encontramos y no había nada, Victoria perdió el control. Empezó a gritar y a llorar a todo pulmón. Esa vez estaba sola con mis tres niñas, todas menores de seis años, y todo lo que pude hacer fue tratar de calmarla con sugerencias en voz baja, pero no sirvió de nada. Así que la cargue y fuimos directo a la cajera a pagar por las cosas que teníamos. Una vez dentro del carro, Victoria se calmo a medida que la guiaba sobre su respiración y contando y repasando los visuales sobre sentimientos que habíamos usado en ocasiones anteriores. Nos demoramos unos minutos, y a pesar que no pudimos terminar de hacer la compra, en realidad fue lo mejor para Victoria el aprender a practicar a autorregular sus emociones. Hemos tenido vacaciones, fiestas de cumpleaños, feriados, viajes especiales y otros eventos los cuales hemos tenido que cancelar o terminar temprano para darle prioridad a las necesidades de nuestra hija.

No estas solo si esto es algo que has experimentado. Tan frustrante como pueda parecer, seguimos hacia adelante siempre preparándonos como mejor podemos. Algunas veces quisiera ir de compras como una persona normal, pero esa no es mi vida. He aprendido a apreciar cada momento de la manera que llega. Al mismo tiempo Victoria ha aprendido gradualmente a manejar su ansiedad y ser mas paciente, así como ser mas flexible al visitar lugares nuevos o cuando hay un cambio en su rutina.

A continuación, algunas herramientas y sugerencias para que tu paseo sea divertido, seguro y con el menor posible estrés para nuestros pequeños exploradores.

Paseos En Familia

Revisa tu actitud	¿Esta mi hijo disfrutando?	¿Necesito ajustar la tarea?
¿Estas calmado y con mente positiva?	Si o No	Si o No

Paseos	Escribe Aquí Las Adaptaciones Posibles
Supermercado	
Biblioteca	
Iglesia/Lugar de Adoración	
Colegio	
Parque	
Cine	
Parque de Atracciones	
Concierto	
Con la familia y/o amaistades	

Crea Tu Propria Lista Aqui

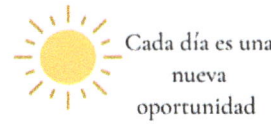 Cada día es una nueva oportunidad

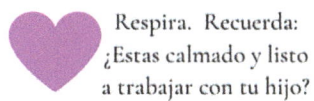 Respira. Recuerda: ¿Estas calmado y listo a trabajar con tu hijo?

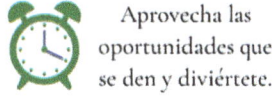 Aprovecha las oportunidades que se den y diviértete.

Los Mejores Maestros Son Nuestros Hijos

Las Conexiones Simples

- La Biblioteca – Al visitar la biblioteca deja la expectativa clara de cuantos libros van a tomar y cuanto se demorarán en la biblioteca. También crea dos o tres reglas simples que le deje saber a tu hijo como comportarse apropiadamente mientras estén en la biblioteca. Por ejemplo, no ser brusco con las manos, estar cerca a mamá, y usar voz baja. En nuestras visitas semanales a la biblioteca, tengo que recordarle a Victoria que escoja diferentes libros ya que tiende a obsesionarse con un libro de comics "My Little Pony". Si no encuentra el libro que ella quiere, es inevitable que se enfade. Hoy en día usamos "temas" con base en los feriados o temporadas o lo que estamos aprendiendo en casa como una guía al buscar libros. Las historias de "My Little Pony" están fuera de limites por ahora hasta que Victoria este emocionalmente lista. La primera vez que no la deje ver su comic favorito fue difícil a decir la verdad. Nos fuimos de la biblioteca disgustados y sin ningún libro. Fuimos consistentes y continuamos a orientarla hacia libros temáticos en cada visita y ahora es mas fácil para ella aceptar el cambio de libros semana tras semana.

- Visitando familiares y/o amistades – Puedes traer su bocadillo o comida favorita, cosas sensoriales y de confort para que el paseo sea placentero. Recuérdale que están de visita y que te deje saber cuando está listo para marcharse. Si tu viajero distingue la hora en el reloj, déjale saber la hora que regresaran a casa. Si tu viajero necesita una alarma, agrégala a su reloj. Si se pone ansioso, encuentra un lugar donde se pueda calmar. Dos cosas puede que pasen: 1. Tu viajero se calma y trata de disfrutar la visita o 2. Es hora de irse. Nosotros decidimos desde hace mucho a aceptar estas consecuencias. Aunque no pasa mucho, debemos de honrar y validar las necesidades especificas de Victoria.

- En el Parque – Tengo dos requerimientos antes de visitar cualquier parque: 1. El parque debe de tener vallas 2. Tener baños cerca. Aun no estoy segura de que Victoria se ira del parque al ver un perro o un ave y saldrá a correr detrás de ellos. Así que, ¡primero la seguridad!

LISTA DE MALETA DE SOBREVIVENCIA

- ☐ Audifonos
- ☐ Cobija
- ☐ Juguete Favorito
- ☐ Lentes de Sol
- ☐ Cuento Social
- ☐ Bocadillos
- ☐ Bebidas
- ☐ Reloj
- ☐ Otros

Aquí algunas sugerencias para viajes familiares o en la comunidad!

- Habla sobre los paseos que no son conocidos usando un cuento, mostrando fotos de las cosas que verán y que harán, o mirando el lugar en el internet para explorar virtualmente antes de la visita. No agobies a tu niño con mucha información, solo lo mas destacado.

- Usa un reloj para dejarle saber cuanto se demorará la visita.

- Recuerda de darle tiempo a tu pequeño para que pueda procesar el ambiente y recuerda que no todos los paseos serán placenteros. Es esencial en felicitar a nuestro hijo por el esfuerzo que hacen sin importar la consecuencia. La cosa mas importante de tener en cuenta es que muy en fondo nuestros hijos quieren hacer una conexión y ser parte de este mundo. Aunque puede que no lo muestren, nosotros somos el puente para cerrar la brecha a temprana edad.

- No te decepciones si tu paseo termina temprano. Se personalmente lo frustrante que es el terminar una visita antes de tiempo, especialmente si es una reunión familiar. Es aquí que el ser estratégico puede ayudar.

- Por ejemplo, asegúrate de que tengan cosas especiales en su "mochila de sobrevivencia" o tener listo cualquier otra cosa el cual estas seguro que tu hijo disfrutara y lo pueda hacer mientras están de visita.

- Practica la seguridad siempre que estés en la calle. Yo constantemente estoy enseñándole a las niñas sobre la seguridad; miren a los dos lados antes de cruzar la calle, tomen manos en lugares con mucha gente y ¡estar cerca a mamá! Normalmente tengo la correa larga de mi bolso para que mis hijas la tomen porque Victoria no le gusta tomar manos. Ella prefiere tomar la correa del bolso o de mi pantalón mientras yo tomo las manos de sus hermanas. Si me dirijo hacia un lugar concurrido, pongo a mi pequeña de dos años en el coche, y pongo a Victoria y Verónica a tomar los lados del coche.

NUESTROS VIAJEROS: LA RUTINA EN EL BAÑO

La higiene es una habilidad muy importante que nuestros viajeros deben aprender. Con Victoria ha sido un desafio bañarla, cepillarle sus dientes y peinar su cabello. Estas tareas eran muy incomodas y algunas veces hasta le causaban miedo. Como en ejemplos anteriores, volver estas tareas en juegos divertidos relajaron la ansiedad en Victoria y le permitieron completar su rutina en el baño con mínima dirección de mi parte.

A continuación, algunas sugerencias para que añadas a tu rutina diaria o para que vuelvas en juego estas tareas.

El Momento del Baño

Revisa tu actitud	Esta mi hijo disfrutando?	Necesito ajustar la actividad?
Estas calmado y con mente positiva?	Si o No	Si o No

Rutina De Higiene	Escribe Aquí Las Adaptaciones Posibles
Duchándose / Bañandose	
Cepillando los dientes	
Usando el inodoro	
Cepillando el cabello	
Lavándose las manos	

Escribe Aqui Tu Propia Lista

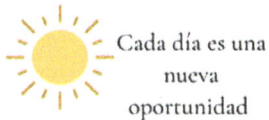
Cada día es una nueva oportunidad

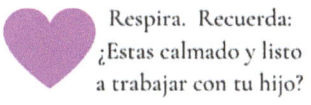
Respira. Recuerda: ¿Estas calmado y listo a trabajar con tu hijo?

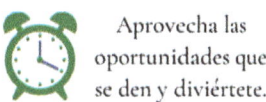
Aprovecha las oportunidades que se den y diviértete.

Las Conexiones Simples

- Bañarse: ten a la mano cosas en tu baño que construyan independencia; una toalla (preferiblemente de su color o personaje favorito para secarse), una toallita para ayudarla a estregar el jabón, juguetes que no distraigan pero que ayuden a tu viajero a estar en calma y feliz, jabones y champús con aromas livianos si tu hijo es sensitivo a olores, etc. También considera en poner una manigueta removible de la ducha o una taza para juagar, para que aprendan a manejar ellos mismos. Al momento de bañarse, si tu hijo es como la mía, el desafío no es meterlos en la tina, si no lavarle su cabello. Ella estaba aterrorizada de que el agua entrara en su nariz. En el principio yo la forzaba y los resultados no fueron placenteros. Perdí su confianza. Me di cuenta rápidamente de que necesitaba tomarme mi tiempo en vez de hacer la rutina como algo mas. Volví el momento de bañarse en un juego con su muñeca; le mostraba como jabonar la muñeca e inmediatamente yo jabonaba a Victoria. Usamos su muñeca como un ejemplo para cada paso de la rutina de bañarse, incluyendo el aplicar champú y luego enjuagarlo. Fue un proceso largo, pero le ayudo a Victoria a entender el objetivo. Como Victoria responde con tonterías, siempre empiezo el baño con "¡oh no, hueles feíto!" y lo termino con "¡mmm, ahora hueles limpia y fresca!". Cuando tu viajero tenga dificultad con bañarse, toma un paso atrás y déjale saber que esta a salvo teniendo primero una conexión con él.

- Cepillando los dientes: Esta no es una tarea fácil. Con Victoria usamos un reloj de arena y un cepillo que alumbra para atraerla a cepillarse. Yo ya tengo listo el reloj de arena y el cepillo que alumbra con pasta dental y le digo "¡a sus marcas, listo, arranca!". Después volteo el reloj de arena y entusiásticamente le digo las diferentes posiciones para cepillarse; "¡cepilla los dientes de arriba, ahora los de abajo, ahora los de los lados, y no te olvides de cepillar esa lengua olorosa!" A ella le parece chistosísimo al mismo tiempo que intenta cepillarse sus dientes por si misma. Una vez esta lo suficientemente relajadas entonces le pido permiso para ayudarla; me aseguro que haya cubierto toda su boca y delicadamente termino por cepillarle sus dientes. Otra posibilidad es de tener una tira visual para cada paso y guiarlos en la rutina apuntando a cada imagen con los pasos que se tienen que completar.

- Usando el inodoro: Sin importar en que etapa del inodoro este tu hijo, ten estas cosas disponibles en tu baño para ayudar a construir independencia.

Incluye un escabel para llegar a la silla del inodoro, una silla de niño para los pequeños viajeros y papel higiénico fácilmente al alcance. En nuestro caso empezamos a entrenar a Victoria en el inodoro cuando ella tenia casi tres años utilizando el método de entrenamiento por tiempo. Como en ese momento no hablaba, teníamos visuales, trocitos de chocolate vegano para motivarla y alentarla cuando iba a tiempo, mucha ropa para cambiarla y un reloj. En el principio ella no estaba completamente atenta de lo que estábamos haciendo, pero eventualmente entendió la rutina; yendo al inodoro en la mañana y 20 minutos después de comer o tomar algo. Adicionalmente la llevamos al inodoro cada vez antes de salir de la casa y después cuando llegábamos a nuestro destino (supermercado, terapia, etc). Le tomo casi cuatro semanas para darse cuenta que ella podía controlar su vejiga; cada accidente le sirvió como una gran experiencia de aprendizaje. A Victoria no le gustaba estar mojada pero definitivamente lo que no le gustaba era cambiarse su ropa favorita. Su confianza creció a medida que conocía mejor su cuerpo y el proceso del inodoro. Parecía como si hubieran sido tres largos meses antes de que por fin Victoria lo entendió, camino al inodoro por ella misma sin decirle a nadie. Nos dejo saber gritando y cantando "Ya terminé" con sus manos.

NUESTROS VIAJEROS: LA RUTINA AL DORMIR

Una buena rutina es tan importante como lo es el de incorporar actividades sensoriales diarias. Como lo hemos dicho anteriormente, una rutina sensorial simple puede hacerle el día mas fácil a tu hijo. Sin embargo, esto va de la mano con un buen sueño en la noche. Nuestros viajeros son mas susceptibles a dificultades emocionales y de comportamiento si no tienen su descanso completo en la noche. En nuestro hogar nuestras niñas saben que cuando mamá y papá dicen las palabras mágicas "hora de alistarse para dormir" ¡va en serio! Hacerlas ir a dormir a una hora adecuada después de completar la rutina diaria es algunas veces desafiante; por ejemplo, después de beber su vaso con leche, colocarse sus pijamas, cepillarse sus dientes e ir a orinar. No obstante, para nosotros es crucial que lo hagamos CADA NOCHE. ¿Por que? Porque hemos aprendido que manteniendo una rutina consistente de ir a dormir a cierta hora tiene un gran impacto en el desempeño de nuestras niñas.

Cada uno tiene una rutina de ir a dormir, sea intencional o no. Si ya tienes algo que te esta funcionando con tu pequeño, no lo cambies. Pero si crees que puede haber espacio para mejorías, la siguiente lista te puede ayudar a crear o mejorar tu rutina.

Hora de Dormir

Revisa tu actitud	¿Esta mi hijo disfrutando?			¿Necesito ajustar la tarea?		
¿Estas calmado y con mente positiva?	Si	o	No	Si	o	No

La Rutina En La Noche	Escribe Aquí Las Adaptaciones Posibles
Anuncia "Es Hora De Alistarse Para Dormir"	
Sirve su ultimo vaso con leche/agua	
Hora de Organizar	
Cepillar Dientes	
Orinar	
Colocarse los Pijamas	
Leerles un cuento	
Oraciones/canciones de buenas noches/abrazos	

Crea Tu Propria Lista Aqui

 Cada día es una nueva oportunidad

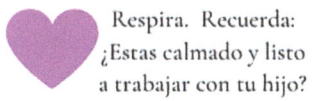 Respira. Recuerda: ¿Estas calmado y listo a trabajar con tu hijo?

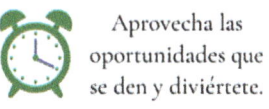 Aprovecha las oportunidades que se den y diviértete.

Los Mejores Maestros Son Nuestros Hijos

Las Conexiones Simples

- LA CONSISTENCIA es la parte esencial de adoptar una rutina. Por ejemplo, nosotros empezamos nuestra rutina alrededor de las 7:15 PM todas las noches al hacer el anuncio de "Hora De Dormir". Primero acostamos en nuestra cama a la de dos años. (nota: hemos dormido con cada una de nuestras hijas en los primeros años dándoles confort y libertad de pasarse a sus propias habitaciones cuando se sientan listas). Cuando la pequeña ya esta dormida a eso de las 7:30 PM, las otras dos han tenido tiempo para relajarse y están listas para empezar con las tareas de la noche ya mencionadas en la pagina anterior. Puede que esto no sea lo que los expertos recomienden, pero es lo que funciona en nuestra familia diariamente y es lo mas fácil que nuestras niñas siguen y disfrutan.

- SE CLARO al anunciar la hora de dormir y recuerda revisar tu propio estado mental. Respira profundamente si crees que será difícil, prepárate mentalmente para tomarlo con calma y recuerda lo importante que esto será para el progreso de tu niño. Anuncia que es hora de dormir cantando algo familiar cada noche. Dale a tu niño tiempo para procesar que el día ya termino. Si tus niños son algo parecido a los míos, recuerda que el llanto y la quejadera son pasajeras. Tomate un momento para asegurarles que sus juguetes, películas, y actividades estarán ahí esperando por ellos el día siguiente y que todas las actividades se pueden hacer entonces. Siendo consistente en decirle esto a Victoria a relajado su ansiedad por el no haber terminado alguna actividad o por terminar de jugar. La clave aquí es reconocer sus frustraciones y ayudar al niño a solucionar el problema o encontrar una alternativa.

- RECONOCE SUS NECESIDADES inmediatamente después de anunciar la rutina. Yo considero esta la ultima oportunidad para que mis niñas coman o tomen algo mas. Por ejemplo, ellas les gusta la leche con base en almendras. Darles algo que las calme y que sea placentero ayuda a relajar a nuestros viajeros. Dándoles algo de tomar a esta hora les da suficiente tiempo para que orinen al finalizar el cuento de la noche (¡reduzcamos el chance de que tengan un accidente en la noche!).

- LA ORGANIZACIÓN es un habito importante. El área de juego de mis niñas esta en perpetuo desorden porque es donde ellas pasan la mayoría del tiempo. Aquí de nuevo cantamos la canción de limpiar y les ayudo a recoger siempre y cuando ellas también estén participando en organizar. Pon en perspectiva que a medida que van creciendo harán mas si eres consistente con la rutina. Mantén en mente la meta principal y recuerda que su organización no será perfecta.

- LA HORA DE ORINAR (como la llamamos) es diferente para cada familia dependiendo en tus hijos. Por ejemplo, Victoria uso pañales a la hora de dormir hasta los cuatro años como medida preventiva a pesar que ya estaba entrenada en ir al baño. Habíamos usado el método de llevarla cada 10 o 15 minutos al baño en sus primeros años hasta que ella entro en el habito de ir al baño antes de acostarse. La estrategia de llevarla al baño en intermedios de tiempo durante el día la ayudo a aprender sobre su cuerpo y eventualmente empezó ir al baño por si misma. Después de orinar y mientras le lavo las manos, me tomo la oportunidad de recordarle a Victoria que es hora de cepillarnos los dientes.

- ¡LA HIGIENE es nuestro gran desafío! Hemos y continuamos trabajando en cepillarle los dientes a Victoria por los últimos seis años y contando. Mi viajera tiene problemas sensoriales dentro de su boca que la hace sensible al sabor y aroma de algunas pastas dentales y la sensación al cepillarse. Afortunadamente hemos encontrado una pasta dental natural, con sabor liviano, libre de flúor que puede tragar sin peligro ya que aun no puede lavarse la boca adecuadamente después de cepillarse. También le hemos dado la opción de escoger su cepillo de dientes cada noche incluyendo uno eléctrico, uno tradicional e inclusive uno con tres lados. Ella escoge dependiendo del nivel de sensibilidad que sienta ese día. Victoria uso visuales y veía videos en YouTube como el de la canción de Elmo cepillándose los dientes entre los dos y cuatro años para ayudarla con la secuencia. Actualmente ella solo necesita que le recordemos que se tiene que cepillar los dientes bien y puede que juguemos al mismo tiempo para hacerlo divertido. Como ya fue descrito anteriormente, le pido permiso para ayudarla a cepillarse y asegurarme que su boca quede limpia. El pedirle permiso construye confianza y credibilidad. Muchas veces ha rechazado mi ayuda así que le doy agua para que se lave su boca en vez de seguir insistiendo.

- EL CAMBIARSE a pijamas puede ser muy divertido para muchos viajeros. Si están teniendo dificultad, permite que tu niño escoja su propia ropa para dormir inclusive si no son pijamas para motivarlo. Esto me ha ayudado con mis hijas con la transición a sus camas. Antes de cambiarse asegúrate de tener la canasta de ropa sucia cerca y guíalos para que coloquen su ropa sucia adentro. Recuerda que estas fomentando la organización a través de todo tu hogar con estos simples pasos.

- LA HORA DEL CUENTO ayuda a relajar a nuestros viajeros y terminar el día de una forma positiva. Algunas veces leemos los libros que semanalmente escogemos en la biblioteca porque a las niñas les encanta estos libros. También pueden escoger cuentos clásicos que ya conocen. Por ejemplo, Alicia en el Mundo de la Maravilla o Peter Pan. ¡Algunas veces leemos la misma historia por varias semanas! Me he dado cuenta que esto les da a mis niñas algo divertido para hacer noche tras noche. Los libros con fotos y sin palabras también son una opción viable ya que podemos personalizar la historia haciéndola larga o corta.

- EL AMBIENTE después de leer es importante para nosotros. Algunas veces ponemos sonidos que calman como las olas del mar o la lluvia. Una lamparilla en el cuarto también es esencial. Nosotros usamos un difusor de aceite que también sirve como lamparilla. Además, se le puede agregar aromas que calman y eso también ayuda a relajar a las niñas para que se duerman. Usa tu discreción con el nivel del ambiente de tu viajero ya que puede ser una distracción; en ese caso trata de evitarlo.

- LA FLEXIBILIDAD puede ser un desafío. Para ser honesta, algunas noches somos bien estrictos con la rutina y otras noches cambiamos el horario ya sea añadiendo o saltando algunos pasos que no son esenciales, dependiendo de como se sientan las niñas esa noche. Victoria algunas veces se apega mucho a las rutinas y es aquí cuando las cambiamos a propósito. Mantenemos la calma al prepararnos para esa noche porque sabemos que será difícil para ella. En nuestro caso en particular, sentimos que es importante darle un descanso de la rigidez para poder enseñarle a ser flexible. Tu eres la persona que sabrá lo que será mejor para tu familia ya que para muchos viajeros no será realizable.

PREPARANDO EL AMBIENTE

Primero
Deja que escojan sus propias pijamas

Segundo
El reloj es tu amigo. Los visuales son una gran ayuda para pasar de una actividad a otra.

Tercero
Musica Suave- Arrullos, musica instrumental o canciones de la naturaleza ayudan en preparar el ambiente a la hora de dormir.

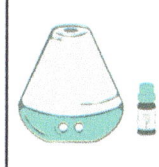

Cuarto
Las Luces nocturnas son una gran herramienta. Nuestra luz nocturna tambien sirve como un difusor. Usa aceites esenciales de lavanda o incienso para un sueño placentero.

Quinto
Sigue cada noche tu rutina para dormir.
La clave es la consistencia

Navegando el Autismo Desde el Corazon

Gracias por emprender este viaje conmigo y también permitirme compartir contigo nuestro propio viaje. ¡Navegar el autismo puede ponerte a prueba en todo, pero con mente abierta, el deseo de cambiar de perspectiva, una actitud positiva y el amor que tienes por tu viajero, las posibilidades son maravillosamente infinitas! Estoy tan emocionada por los pasos que estás tomando para aprender y convertirte en el major professor y defensor para tu hijo.
¡Creo en ti!
¡Lo puedes lograr! Cada día es una oportunidad. Haz esas bellas CONEXIONES SIMPLES con tu hijo. ¡están esperándote!

RECOMENDACIONES Y REFERENCIAS

Material Para Las Conexiones Simples

Cinta Para Pintar

Pista de obstáculos: En las fotos de abajo, yo construí un camino para que Victoria lo siguiera en su bicicleta. Le ayuda a soportar su conciencia corporal y balance. La cinta para pintar puede ser usada para crear el juego "hopscotch" que puede ser bien fácil o desafiante.

Barrera visual: Puedes poner recordatorios visuales en los espacios donde no estar como lo son la estufa. Yo separe con cinta en la cocina donde Victoria se puede para y donde no puede estar. Aquí la cinta representa la lava que Victoria debe evadir. Esta es una gran manera de visualmente hacer cumplir la seguridad de una manera divertida.

Pista de obstaculo

Obstaculo para bicicleta

Barrera Visual

Canasta Sensorial

Canasta sensorial: Llena la canasta con diferentes materiales tales como agua, bolas de algodón, papel rasgado, arena, peloticas de agua o gelatina. Tantas ideas divertidas; ¡sé creativo!

Artículos para añadir en la canasta: Me gusta añadir juguetes diferentes u objetos en la canasta, tales como dinosaurios pequeños. En esta foto, tengo un rompecabezas de madera. Victoria busca las piezas que faltan en la arena kinésica purpura y logra hacer el rompecabezas.

Plastilina

Ocupa sus manos: trabaja en cortar, rodar formas, cartas, números y a contar. Esta actividad puede brindar muchos beneficios sensoriales, tales como tácticos, proprioceptivos, y aporte visual. Puedes añadir aceites esenciales a la plastilina para mejorar la actividad. Cortando, halando, rodando y apretando aporta al sentido proprioceptivo.

Culumpio dentro de casa

Mecerse: El mecerse es una manera fantástica de obtener aporte vestibular. Brinda efectos de calma y relajadores. El columpio también puede usarse en el lugar de silencio y para la lectura. Esta herramienta necesita supervision. Nunca dejes a tu niño solo en el columpio.

Referencias

Libutti, A (2015) *Awakened by Autism: Embracing Autism, Self, and Hope for a New World.* Hay House Inc.

Kaufman, R.K. (2015) *Autism Breakthrough: The Groundbreaking Method that Has Helped Families All Over the World.* St. Martin's Griffin, Illustrated Edition

Voss, A (2011) *Understanding Your Child's Sensory Signals: A Practical Use Handbook for Parents and Teachers.* (3rd ED.) CreateSpace Independent Publishing

Libros inspiradores e informativos

Los siguientes libros han sido herramientas increíbles en mi viaje con mi hija. Cuando encuentre tiempo, le recomiendo considerar esta lista. Esta colección es inspiradora y está llena de sabiduría e ideas para familias como la nuestra.

Autism and The God Connection: Redefining the Autistic Experience Through Extraordinary Accounts of Spiritual Giftedness by William Stillman

Autism Breakthrough: The Groundbreaking Method that Has Helped Families All Over the World by Raun K. Kaufman

Autistic Logistics: A Parents' Guide to Tackling Bedtime, Toilet Training, Tantrums, Meltdowns, Hitting, and Other Everyday Challenges by Kate Wilde

Awakened by Autism: Embracing Autism, Self, and Hope for a New World by Andrea Libutti

Look Me in the Eye: My Life with Asperger's by John Elder Robison

Sensational Kids: Hope and Help for Children with Sensory Processing Disorder by Lucy Jane Miller, PHD, OTR

Son-Rise: The Miracle Continues by Barry Neil Kaufman

The Out-of-Sync Child: Recognizing and Coping with Sensory Processing Disorders by Carol Kranowitz

The Reason I Jump: The Inner Voice of a Thirteen-Year-Old Boy with Autism by Naoki Higashida

Thinking in Pictures: My Life with Autism by Temple Grandin

Understanding Your Child's Sensory Signals: A Practical Use Handbook for Parents and Teachers by Angie Voss OTR

www.ingramcontent.com/pod-product-compliance
Lightning Source LLC
Chambersburg PA
CBHW061407010526
44119CB00011B/282